Puissent ces étincelles apporter de la lumière dans vos vies...

Affectueusement,

Anita.

ANITA FETEIRA

# Étincelles de Vie

## Pour vivre plus heureux

I.D. l'Édition
Images & Découvertes

# Table des matières

## AVANT-PROPOS

*Cela fait plus de trente ans que j'ai décidé de mettre mon expérience au service des gens et que j'exerce le métier de médium et parapsychologue. Au cours de ma carrière, j'ai été amenée à rencontrer tout un tas de personnes très différentes qui m'ont toutes fait part de leurs incroyables histoires et des leçons qu'elles en ont tirées.*

*Des médecins, des patrons, des mères de famille, des artistes, des gens comme vous, des gens comme moi, ayant généralement vécu des drames ou s'interrogeant sur le plus grand mystère de l'univers : LA VIE.*

*Tous mes clients sont guidés par l'envie de comprendre, de dresser un pont entre deux rives. C'est l'histoire de ces hommes et de ces femmes que je souhaite aujourd'hui partager avec vous.*

*À travers sa démarche, son ouverture d'esprit, son intérêt pour la médiumnité, chacun d'entre nous peut s'identifier et trouver un morceau de sa propre histoire et pourquoi pas des réponses à ses questions.*

*J'écris ce livre afin de transmettre ce que j'ai appris sur le vaste sujet de la synchronicité de l'existence terrestre. Nous traversons tous des étapes dans notre vie, faisons des rencontres déterminantes, autant d'évolutions positives de notre être profond qui se manifestent souvent de manière inattendue. Toutes ont une raison d'être. Rien n'arrive par hasard.*

*Ce que je souhaite avant tout, c'est montrer que nous pouvons tous identifier et apprendre de ces expériences synchronisées. Plus qu'une possibilité, il s'agit même d'une nécessité afin que chacun puisse aller plus loin dans la connaissance de soi, dans la compréhension de la vie et des autres. Tout ce que nous sommes et tout ce qui nous arrive fait partie d'un système plus grand. Si chacun de nos actes et chacune de nos expériences ont des conséquences, l'essentiel de la vie est écrit et fait partie d'un mécanisme beaucoup plus large qui lie les êtres humains les uns aux autres.*

*Dans cette humanité, il est parfois difficile de vivre parmi, et avec, les autres. Nous sommes tous uniques et possédons une conscience propre. Ainsi, les vibrations des uns peuvent être accordées ou désaccordées avec celles des autres. Nous avons tous, autant que nous sommes, une palette d'émotions aussi positives que négatives que notre être a besoin d'expérimenter pour évoluer et surtout pour se trouver. Il n'y a qu'en avançant sur ce chemin que nous devenons plus solides. Expérimenter la synchronicité de la vie, c'est tout simplement grandir.*

*Enfant, mon rêve était de devenir psychologue. Je pense que d'une certaine manière je l'ai réalisé. J'ai aidé, et aide toujours, au moins autant de monde à traverser des moments difficiles. Je m'efforce de permettre aux gens de garder foi et confiance en la vie dans des moments où ils s'enferment en oubliant qu'elle peut être belle.*

Pour vivre plus Heureux - Étincelles de Vies
- Essai sur l'Essentiel et les enseignements de l'expérience humaine -

PARTIE I

# La connaissance de soi

THÈME 1

# SE CONFRONTER À SOI AUTANT QU'AUX AUTRES

Je suis née et j'ai grandi dans une petite ville des Vosges. Mes parents y tenaient un commerce. Je vivais là, avec mes deux frères. Tout a commencé pour moi à l'âge de cinq ans. À la suite d'un choc émotionnel grave, j'ai vu ce que nous appelons communément une Dame Blanche. Rayonnante de bienveillance, cette apparition m'a immédiatement fait ressentir que j'étais protégée par une conscience supérieure qui, depuis, veille toujours sur moi. J'ai compris à quel point chacun de nous est aidé.

*Dès ce jour-là, je me suis mise à « entendre des voix » qui me délivraient des messages. J'entendais la parole de mes guides. Je n'ai pas été effrayée une seule seconde, bien au contraire. Je débordais d'amour, de compassion et de protection.*

Je n'ai pas été effrayée par cette apparition mais plutôt par la réaction de mon entourage, très fermé à ces questions.

Mes parents étaient commerçants dans un village de montagne, commerce qu'ils tenaient avec ma grand-mère. Lorsque je n'étais pas à l'école, j'y passais beaucoup de temps et y rencontrais beaucoup de gens, tous très différents.

Dès que mon chemin me faisait croiser la route de quelqu'un, mes guides me transmettaient un flot de renseignements à son propos ainsi que toutes sortes de messages de la part de disparus de son entourage. J'étais régulièrement confrontée à ce type de situations qui, vous pouvez l'imaginer, arrivait régulièrement dans le commerce de mes parents.

Je transmettais de manière spontanée toutes les informations que les guides me donnaient. Très vite, de nombreux habitants de la commune se sont montrés intéressés ou ont eu peur de moi. Certains clients craignaient que je ne dévoile qui ils étaient vraiment, d'autres, ne supportaient tout simplement pas ma vibration et étaient mal-à-l'aise en ma présence.

De manière générale, les gens craignent ce qu'ils ne comprennent pas, surtout lorsqu'il s'agit de faits spirituels parfois irrationnels. La peur et la méfiance sont des réactions parfaitement humaines.

Aussi loin que remonte ma mémoire, il a toujours été difficile pour moi de me faire « réellement » entendre. Une difficulté qui s'exprime davantage dans mon quotidien que dans ma vie professionnelle même si j'ai également été parfois bousculée au sein même de mon cabinet.

J'ai mis toute mon enfance et toute mon adolescence à accepter mon incarnation de médium et surtout le regard que portaient les autres sur moi. Depuis le premier jour, mes guides m'ont dit que j'avais le choix, que rien ne m'était pas imposé.

J'ai expérimenté la vie, grandi, puis fait le choix conscient de laisser les émotions se déployer en moi afin d'apporter mon aide à ceux qui en éprouvent le besoin. Aujourd'hui, « Dieu merci », j'ai dépassé tout cela, mais certains épisodes, lorsque j'ai débuté mes consultations, m'ont profondément heurtée.

## Se détacher du jugement des autres

La perception que les autres ont de moi est un sujet de premier ordre. Malgré ma discrétion et ma timidité naturelle, j'assume totalement l'exercice de la profession de parapsychologue, et cela depuis plus de trente ans.

J'ai souvent eu le sentiment d'avoir été contrainte à me justifier, à rendre des comptes. Tout un tas de personnes, bonnes comme mauvaises m'ont jugée, remise en question ou mise au défi. Autant de confrontations, parfois douloureuses, qui m'ont donné le sentiment d'être incomprise, qui m'ont empêchée de m'ouvrir à d'autres choses.

Au début de ma carrière, je travaillais régulièrement avec le Dr. M, un pédopsychiatre qui venait me consulter au sujet de ses jeunes patients. Des enfants en difficulté dont il avait parfois du mal à percer les mystères. Il venait chez moi, m'exposait ses « cas »et prenait notes des indications de mes guides. Grâce à ces échanges, nous avons pu creuser la recherche sur l'impact des problèmes relationnels sur la psyché infantile.

Ce sujet me tenait à cœur. J'ai moi-même rencontré des difficultés dès mon enfance. Un jour, une institutrice de primaire a convoqué mes parents pour leur faire part de ses craintes à mon sujet. Elle pensait que j'étais une enfant autiste. En effet, j'étais capable de rester de très longs moments à fixer le mur de la salle de classe. Ce qu'elle prenait pour un trouble majeur n'était que la conséquence de mes voyages spirituels sur des plans de conscience supérieure. Enfant, j'étais déjà très reliée à une énergie supérieure. Et puis, je n'aimais pas beaucoup cette institutrice et m'amusais parfois d'elle.

Je sais que, grâce à cette collaboration avec le Dr. M, de nombreux enfants ont évité des traitements médicamenteux lourds. J'étais très heureuse de ce partage et pensais, qu'ensemble, nous faisions un travail extraordinaire. Un jour, ce monsieur m'a invitée à participer à un colloque de psychiatrie. Cet événement aurait pu être pour moi une formidable occasion de me faire entendre, de parler de mon travail, de ma pratique de la parapsychologie en tant que soin de l'âme. Or, dès l'instant où cet homme a formulé sa proposition, j'ai ressenti un malaise, un inconfort. Mon intuition me mettait en garde. Je ne dormais plus, je sentais que quelque chose d'étrange était en train de se tramer. Un puzzle prenait forme sans que j'en distingue encore les contours. Deux jours plus tard, le Dr. M s'est présenté afin de « préparer le colloque ». Ce travail a pris la forme d'un long interrogatoire qui s'appuyait sur un questionnaire « à charge » dont l'objectif était clair : trouver ma faille, identifier la supercherie.

*« Quelles substances ingérez-vous pour entrer en transe ? »*

Cette question, particulièrement, m'a profondément blessée. Malgré cela, j'ai continué à l'écouter. Il s'est mis à me parler de tests, d'appareils de mesure. J'ai pris ses remarques comme un manque de respect, une attaque. Son attitude et ses paroles ont réveillé en moi une blessure extrêmement profonde. Mes guides me prévenaient qu'il risquerait de m'arriver quelque chose si je poursuivais dans cette voie. J'étais mal-à-l'aise avec ses méthodes scientifiques brutales. Je lui avais accordé ma confiance mais son attitude froide de scientifique, qui peut être entendable, m'a renvoyé toutes sortes d'émotions et notamment de trahison. J'ai coupé court à notre collaboration et ne suis pas allée à ce colloque.

Sans cette incompréhension réciproque, ma carrière aurait pu prendre une toute autre direction. Ce n'était pas mon chemin, voilà tout !

J'avais vingt-deux ans et encore l'innocence de croire que je pouvais à moi toute seule faire évoluer certaines mentalités.

Je ne prétends pas tout savoir. **Je ne transmets que ce que je ressens et entends.** De fait, je considère sincèrement ne rien avoir à prouver. Mais la vie étant ce qu'elle est et les gens étant ce qu'ils sont, j'ai très souvent été forcée à affronter ce regard si particulier. Celui de l'Homme incrédule qui, interpellé dans ses croyances, doute puis cède aux sirènes du mépris.

## Médium, un métier à risques

Malgré cet épisode, ce n'est pas dans ma vie professionnelle que la perception que les gens se font de moi a été la plus difficile à vivre. Bien au contraire ! C'est dans la spontanéité de la vie quotidienne que j'ai toujours pris le plus de risques. Je repense à une journée plutôt ordinaire. Alors que j'attendais mon tour devant la vitrine de la boucherie d'un hypermarché, mes guides m'ont soudainement interpellé à propos d'un monsieur qui patientait lui aussi. J'entendais les mots « cardio », « vasculaire », « accident ». J'entendais sa grand-mère aussi qui m'assurait à l'oreille que « son heure n'était pas encore arrivée » et que je devais tenter quelque chose pour sauver son petit-fils. Malgré ma réserve naturelle, je me sentais comme poussée, obligée d'agir. Je me suis donc avancée vers cet homme, à qui, jamais, je n'avais adressé la parole, afin de lui transmettre ce message d'alerte.

*« Vous êtes complètement à la masse, madame ! »* Surpris, sa première réaction a été de me traiter de folle : la réaction classique. Je connais bien ce regard incrédule et méprisant à la fois. Pourtant, face à ma détermination et à mon attitude bienveillante, il a tout de même noté mes coordonnées. Quatre mois plus tard, un livreur sonnait à ma porte avec un grand bouquet de fleurs et un mot qui exprimait toute sa gratitude. Il avait effectivement un problème cardiaque qu'il traitait à présent. Il me remerciait de lui avoir sauvé la vie.

À l'époque, j'intervenais encore comme cela, spontanément. Aujourd'hui je fais plus attention. Il a fallu que j'apprenne à maîtriser ce don pour pouvoir vivre une vie normale et éviter de subir, trop souvent, le jugement négatif des autres.

Je suis médium oui, mais je dois pouvoir vivre sereinement et être en paix avec moi. **Grâce à mes expérimentations et à mon énergie, je peux aider les gens à se donner le droit de se libérer du regard et du jugement des autres.**

Mais avant cela, il a fallu que j'expérimente moi-même l'acceptation de soi. Je peux apporter mon aide uniquement parce que j'ai déjà parcouru moi-même ce chemin.

Si j'ai, autrefois, donné des conférences publiques sur la médiumnité, participé à des salons spécialisés, aujourd'hui je reçois les personnes sur rendez-vous dans mon cabinet.

## L'erreur est humaine mais pas pour tout le monde

Lorsque la personne rentre dans mon bureau, je sais spontanément les informations dont elle a besoin et le travail énergétique à mettre en place, pour l'aider à dépasser ses difficultés ou trouver des réponses à ses interrogations de Vie du moment.

Il n'est pas rare que je me retrouve face à des personnes qui obtiennent des messages différents de ce qu'elles étaient venues chercher et qui se retrouvent soudain face à une « réalité » déconcertante.

Ainsi, il m'est arrivé d'être confrontée à une colère inouïe ou à une déception profonde de leur part.

C'est ce qui m'est arrivé avec une cliente prénommée Christelle.

*Après des années de célibat difficiles, Christelle vivait une histoire d'amour avec un homme qu'elle venait tout juste de rencontrer. Elle est venue me voir en consultation afin d'entrer en contact avec ses parents tous deux décédés. Elle s'est présentée devant moi avec une idée bien précise en tête. Elle voulait, de toutes ses forces que ses parents, à travers moi, lui disent qu'elle venait de rencontrer l'homme de sa vie. Or, ce n'était pas du tout ce que ses guides me disaient. Je ne pouvais pas trahir leurs paroles. Lorsque j'ai fait part de ces informations à Christelle, elle est entrée dans une rage folle. Elle a fini par partir en claquant la porte.*

Donner l'information qui m'est transmise est de ma responsabilité, mais que faire lorsque le consultant n'est pas prêt à l'entendre ?

J'estime qu'il est de mon devoir de donner les informations que je reçois et je sais aussi que si, sur l'instant, la personne ne le comprend pas, les évènements futurs de sa vie lui indiqueront leur justesse.

*Christelle est revenue me voir quelques temps après. Elle n'était plus avec l'homme qui partageait sa vie mais avec celui que ses parents lui avaient indiqué lors de la consultation.*

Il arrive que certaines personnes, un peu perdues, pensent que nous autres médiums sommes responsables de leur vie, de ce qui leur arrive ou de ce qui ne leur arrive pas. Je ne le répéterai jamais assez, mais mon travail consiste essentiellement à transmettre les informations que je reçois. Une amie me dit souvent que je fais office de poteau indicateur, j'indique une direction. Libre à la personne de choisir ou non cette direction !

## Vivre avec un médium

En famille ou avec mes amis, j'essaie toujours de garder ma place même dans des périodes difficiles durant lesquelles ils traversent des épreuves. Évidemment, avant d'en être capable, il m'a fallu arriver, au bout d'un long processus, à apprendre à canaliser mon énergie et mes ressentis.

J'ai appris, que je n'ai pas le droit d'empêcher mes proches d'expérimenter des choses dans la vie ou de faire de mauvaises rencontres sous prétexte que je sais qu'elles seront néfastes pour eux. Je ne sais que trop bien que **c'est dans l'expérimentation que nous grandissons le plus.**

Ainsi, il a fallu que j'éduque mes ressentis de manière à prendre une distance émotionnelle avec les gens qui comptent le plus pour moi. Cette « fermeture » est essentielle pour mes proches comme pour moi afin de ne pas les perturber plus que de raison.

Avec mes enfants, mon compagnon ou mes proches, je m'efforce de rester dans mon rôle de maman, de compagne ou d'amie. Je les aide de loin, si je le peux, et sinon je leur donne l'adresse d'un confrère sérieux. Ceci dit, je reste très connectée à chacun d'eux.

Par le passé, il m'est arrivé dans mon quotidien d'attirer des relations amicales qui me sollicitaient beaucoup en dehors de mon cabinet. Pendant longtemps, je n'ai pas su dire non, car je savais qu'un refus créerait en elles un sentiment d'abandon qu'elles manifesteraient en me faisant culpabiliser.

Par moment, il est nécessaire pour moi de repositionner les choses. Dire non, c'est faire preuve de courage et de respect pour soi-même. Aujourd'hui, je suis bien plus exigeante avec mon entourage amical. D'autant plus que je ne suis pas toujours la bonne « médium » même dans le cadre professionnel. Je me suis rendu compte au fil de ma carrière qu'on ne choisit pas son médium et que chaque client ne résonne pas avec tous les médiums.

## On ne choisit pas son médium

Ce ne sont pas les gens qui choisissent le médium qu'ils consultent. Ce sont leurs guides qui les mettent sur la bonne voie.

*Lorsque j'étais encore toute jeune, à dix-huit ans, une femme répondant au prénom de Maryse est venue me consulter. La séance s'est déroulée de manière tout à fait normale. Quelques jours plus tard, Maryse qui avait rendez-vous chez un coiffeur, dans le Sud de la France, s'est mise à raconter le contenu de notre entretien. À l'évocation de mon nom, Anita, un homme qui se faisait également coiffer l'a interpellé. « Anita vous dites ! » L'homme lui a alors expliqué avoir fait un rêve dans lequel son fils, dont il n'avait plus de nouvelles, lui demandait de « parler à Anita ». Sans réfléchir, il a englouti les centaines de kilomètres qui le séparaient des Vosges et nous nous sommes rencontrés. Je lui ai malheureusement appris la mort de son fils, victime d'un accident de montagne. Son corps a ensuite été retrouvé puis inhumé.*

Je suis consciente qu'être médium et parapsychologue, c'est accepter une forme de marginalité. Une mise en lumière qui n'est malheureusement pas toujours bienveillante.

Assumer cette vocation, m'a demandé un travail de lâcher-prise considérable. Un cheminement que j'ai démarré jeune mais qui m'était absolument nécessaire. Afin de parvenir à renforcer mon assurance et à apprendre à canaliser les flux énergétiques qui me sont transmis, il a fallu que je **dépasse le manque de confiance** de la jeune fille que j'étais à mes débuts. Au-delà de la dimension thérapeutique de mon travail, ce dernier requiert un investissement total de ma part et une introspection perpétuelle.

Aujourd'hui, j'ai l'immense chance de vivre un quotidien rythmé par **des moments d'humanité purs** que je partage avec mes clients.

À mes yeux, la carrière la plus sensée qui soit.

## QUELQUES « PRÉCEPTES » À RETENIR POUR NE PAS PERDRE DE VUE QUI ON EST

### *TROUVER LE COURAGE D'ÊTRE SOI-MÊME AVEC LES AUTRES*

Pour être apprécié et considéré à sa juste valeur, il est essentiel d'être tout simplement soi-même, de ne rien cacher. Sans cet ingrédient de base, il est impossible d'être à l'aise dans ses rapports sociaux.

Pour cela, il n'existe rien de mieux que de se montrer honnête dès le départ, à propos de ses envies et de ses besoins.

C'est souvent par amour que l'on fait ce qu'on pense que l'on attend de nous.

Il est parfois difficile de se confronter à de fortes personnalités. Nous pensons qu'en exprimant ce que l'on pense vraiment, on risque de se disputer. La confrontation directe heurte certaines personnes plus que d'autres. En général, les personnes qui ont été blessées dans l'enfance par des scènes similaires.

Vivre en sachant que son entourage ne nous connaît pas vraiment, est extrêmement difficile. Je ne saurais que trop vous recommander de présenter au plus vite qui vous êtes aux gens auquel vous tenez. Le plus urgent est de trouver par quoi commencer !

Je sais d'expérience que la mise à jour tardive de non-dits cause beaucoup de chagrin. Cela donne toujours une impression de gâchis, de temps perdu.

Sachez qu'il est toujours possible de reprendre une relation à zéro, mais pas sans une discussion de fond, sans en passer par une phase de négociation à l'issue de laquelle un terrain d'entente sera trouvé. Reprendre une relation altérée, sans chercher à rectifier ses dysfonctionnements, ne mène à rien. Au contraire, elle tire le problème en longueur.

*LA CRITIQUE EST UNE PREUVE D'INTÉRÊT*

Garder à l'esprit que, d'une certaine façon, les commérages sont aussi la preuve que les gens s'intéressent à vous.

*ACCEPTER QU'IL EST IMPOSSIBLE DE PLAIRE À TOUT LE MONDE*

Il s'agit d'un conseil qui peut sembler extrêmement banal et donner le sentiment d'enfoncer une porte ouverte, et pourtant, il est essentiel. J'ai passé ma vie à me confronter au regard des gens qui remettaient en question qui je suis et ce que je fais, mais ça vaut le coup de rester fidèle à soi-même

Il ne faut jamais laisser qui que ce soit décider de ce qui est normal pour soi.

En dépassant les limites que l'on s'impose, on offre à son être profond la possibilité de s'exprimer. N'attendez rien des autres. Aidez-vous vous-même !

J'ai foi en la vie, en l'être humain et non en une religion. Nous avons tous un instinct, une conscience plus développée qui va au-delà de ce que notre éducation nous apprend. La vie et ses expérimentations consolident le noyau dur de notre être profond. Elles précisent, concrètement, ce que nous savons déjà, mais ne souhaitons pas toujours admettre. Je suis intimement convaincue que tout le monde possède une conscience éloignée. J'aspire, dans cette humanité, à permettre aux gens de la découvrir. Que chacun puisse la trouver et gagner du temps pour continuer à expérimenter.

THÈME 2

# NOS ÉMOTIONS A TOUS

*De la compréhension vient la compassion, et de la compassion vient l'Amour.*

Nous sommes tous sous l'emprise d'émotions. C'est à la fois extraordinaire et très dangereux. Les émotions régissent nos vies. Ce sont elles qui font des êtres humains des Hommes. Notre corps émotionnel est ce que nous sommes. Il concentre nos peurs et nos vieilles blessures comme nos joies et nos bonheurs.

J'ai eu conscience, dès l'enfance, que mon intuition et ma perception avaient pour dessein de permettre, à toute personne aux prises avec un ou des bouleversement·s émotionnel·s, de se libérer des schémas négatifs dans lesquels elle s'emprisonne.

Tout d'abord j'aimerais commencer par un point de définition. Qu'est-ce que j'entends par « émotion » ? **Une émotion est une vague, une montée de sève, un élan qui prend sa source à l'intérieur de soi.**

Elle se manifeste par une sensation provoquée par une pensée, une parole entendue, l'évocation d'un souvenir, ou un événement extérieur. L'émotion nous met en relation avec le monde. Elle nous donne le sentiment d'exister, nous individualise en nous conférant la conscience de notre personne. Son rôle est de nous renseigner, de nous alerter parfois sur les événements qui sont significatifs pour nous. L'émotion motive nos comportements réactionnels.

## La source biologique des émotions

L'émotion est un mouvement qui s'inscrit dans le corps. C'est avant tout un phénomène biologique. Il s'agit du vivant, à partir de la première cellule de l'être. Le vivant naît de l'individualisation d'une cellule puis grandit en se nourrissant de ses échanges constants avec l'altérité. Ils ne s'arrêtent jamais tout au long de la vie.

La vie est une tension entre des contraires, entre des circuits appétitifs (qui permettent de se nourrir de l'extérieur) et des circuits inversifs (qui nous invitent à nous protéger d'une agression).

Au fur et à mesure que le cerveau, la conscience réflective, se développe dans l'échelle de l'évolution, il laisse un champ d'action plus large aux ressentis. L'esprit humain, constamment pris dans la nécessité de faire fonctionner ses circuits appétitifs et aversifs, va être envahi par un large éventail d'émotions. Des émotions qui se manifestent pour le meilleur ou pour le pire selon qu'elles alimenteront l'appétence ou la destruction. Cette tension permanente est le propre de la vie.

## Tenir ses émotions à distance est un jeu dangereux

L'être humain maintient cependant une distance instinctive entre ce qu'il se passe à l'intérieur de lui-même et l'extérieur.

Dans cette humanité, il y a finalement peu de places où nous pouvons laisser libre cours à l'expression de nos émotions. Où pouvons-nous laisser couler des larmes ou encore éclater notre colère ? Où dire ses peurs et ses angoisses ? Dans quels bras se réfugier le temps d'exprimer son chagrin ? C'est pourquoi tant de gens gardent, au fond d'eux-mêmes, leurs affects en tentant de les dissimuler dans leur inconscient et en vivant, ainsi, une existence régie par les convenances et les circonstances. En réprimant nos émotions spontanées, ou en les diluant pour les rendre acceptables par la société, nous perdons des informations précieuses sur notre vécu psychique. Les émotions et les sentiments sont étroitement liés. Si les premières sont biologiques et pulsionnelles, les secondes sont des élaborations du mental.

Toutes les cultures reconnaissent au moins quatre émotions de base :

**La peur**, qui affûte les sens. À l'origine, c'est elle qui nous permettait d'assurer notre sécurité.

**La colère**, en réaction à une frustration ou à une injustice. Elle est l'expression de l'affirmation de soi.

**La tristesse**, souligne le vide ou le manque. Elle naît d'une perte, d'une séparation.

**La joie,** est une explosion positive qui se manifeste aussi bien dans le corps que dans l'esprit. Lorsque nous sommes en joie, nous nous sentons intégrés, unifiés.

L'intelligence émotionnelle consiste à : ni déverser, ni alimenter, ni réprimer nos sensations.

Selon moi, les émotions humaines se nourrissent de l'énergie de deux sources :

> L'AMOUR (source positive)

> LA PEUR (source négative)

## Qu'est-ce que nos émotions et nos attitudes nous révèlent sur nous-mêmes ?

Pour se débarrasser des schémas émotionnels négatifs et répétitifs, il est important de se poser, au calme et de réfléchir à la vraie nature de l'émotion négative que l'on éprouve. Apprendre à la connaître, à la décortiquer est le meilleur moyen de l'accepter puis de la libérer en la laissant s'en aller. N'importe quel général vous le dira : « *il faut apprendre à connaître et à reconnaître son ennemi pour mieux le combattre !* »

Pour vous aider à y voir plus clair, je vous propose l'exemple, très simple et parlant des sept péchés capitaux, des émotions basées sur la PEUR.

> **L'orgueil** est un sentiment exagéré de sa propre valeur, une estime excessive de soi-même, qui porte à se mettre au-dessus des autres. L'orgueilleux associe ses propres mérites de qualités ou de comportements à des dons de Dieu.

Par exemple, se vanter de son intelligence, de sa beauté, etc. est pour moi un signe évident de manque de confiance en soi. La personne a besoin de chercher l'approbation, la reconnaissance d'autrui. C'est dans le regard des autres qu'elle puise l'estime d'elle-même. Lorsqu'elle déclare *« je suis très intelligente, plus intelligente que la moyenne », il faut en réalité comprendre « dis-moi que tu reconnais mon intelligence. J'ai besoin de l'entendre, parce que j'en doute moi-même ».*

L'orgueil est tout simplement une émotion de façade qui témoigne de la **PEUR de ne pas être aimé** et des vieilles blessures de l'enfant intérieur (cf THÈME 3) qui a besoin qu'on reconnaisse son existence.

Lorsque je pense à ce sentiment précis me revient en mémoire le souvenir d'une cliente que j'ai rencontrée juste après une séparation.

*Elle était incapable de comprendre les raisons qui avaient poussé son mari à la tromper. Sa grande beauté était pour elle une manière d'exister. Elle gardait depuis l'enfance, la trace d'une blessure, sans doute une parole blessante, qui lui suggérait que sans ces attraits elle ne serait jamais rien. Son objectif dans la vie était de se marier avec un homme riche pour bénéficier du pouvoir de l'argent. Le problème de cette cliente est que, contre toute attente, elle s'était mariée à un homme qui l'aimait sincèrement. A cela, elle n'y était pas préparée ! Dès qu'elle le pouvait, de manière incontrôlable, elle n'avait de cesse de le dénigrer ce qui poussa son époux à se détacher d'elle à la première occasion. Elle avait si peur d'être aimée qu'elle réagissait outrageusement à toute marque d'affection. Jusqu'au jour où, trompée et en instance de séparation elle est venue me voir pour comprendre ce qui avait pu se passer.*

> **L'avarice** est définie comme l'attitude de quelqu'un qui restreint à l'excès ses dépenses. Un avare est dans une logique perpétuelle d'accumulation de richesses, recherchées pour elles-mêmes.

À mon sens, l'accumulation frénétique de richesses est un comportement induit par la peur du manque, la **PEUR de n'être rien sans possessions matérielles**. Elle peut également indiquer une peur viscérale qui trouverait son origine dans une vie antérieure, pendant laquelle la misère et la famine ont créé un manque profond.

> **L'envie** est une forme aiguë de convoitise, mêlée ou non de dépit ou de haine, à la vue du bonheur ou des avantages de quelqu'un d'autre. L'envieux éprouve un profond sentiment de tristesse face à la possession ou à la réussite d'autrui. Il induit la volonté de s'approprier, par tout moyen et à tout prix (à ne pas confondre avec la jalousie), « l'objet » du bonheur de l'autre.

Tel est le cas de deux de mes clientes, amies toutes deux, dont l'une envie l'autre. L'une est célibataire et dévouée à son travail. L'autre vient de rencontrer quelqu'un et s'offre depuis beaucoup de bons moments. « *Elle en a de la chance, dis donc* ! » Rien que par cette petite remarque prononcée par la première sur un ton extrêmement sec, elle exprime la profondeur de son sentiment. Elle aimerait plus que tout être à sa place, profiter de week-end en amoureux, de vacances à la mer et de dîners aux chandelles, etc. Elle estime que ce qui arrive à ma seconde amie est le fruit du hasard, alors que non. Elle s'est simplement créé des opportunités contrairement à l'autre qui ne prend presque jamais de vacances, car elle s'estime indispensable au bon fonctionnement de son activité. Ce qui se traduit chez elle, c'est un manque d'amour de soi et de confiance. Son enfant intérieur est recroquevillé sur lui et a besoin d'être rassuré.

Pourquoi envie-t-on notre prochain ? En général, parce que d'une part, nous sommes intimement persuadés d'être incapables d'obtenir le même bien ou la même position sociale. D'autre part, parce que nous pensons que ce que possède autrui pourrait nous rendre plus heureux. L'envie découle de la volonté de s'extirper d'une situation présente, souvent un inconfort matériel ou un désert sentimental. L'envieux craint de ne jamais parvenir à combler ce manque.

> **La gourmandise** est un désir de consommer des aliments au goût jugé particulièrement agréable.

La gourmandise à outrance (pas le petit plaisir sucré que l'on s'accorde de temps à autre), témoigne d'un manque de douceur en soi. La nourriture « comble » le vide en nous. Elle a un impact non négligeable sur les émotions. Par exemple, au moment d'un grand chagrin, comme une rupture ou la perte d'un être cher, il n'est pas rare que le rapport à l'alimentation soit modifié. Soit on mange beaucoup plus, soit on s'impose une grève de la faim. Il s'agit d'une réaction psychologique très courante, qui procure à l'individu l'impression de maîtriser au moins une chose dans sa vie : son corps physique. Manger à outrance est une expression de la **PEUR du vide en soi**. Manger sans saveur ou au point de se provoquer des hauts- le -cœur témoigne d'une volonté de se remplir, sans jamais avoir besoin de l'intervention de l'autre. Un gourmand peut aussi être une éponge au malheur des autres. Il se sent étouffer. Il avale par besoin de sécurité. La gourmandise peut-être un renfort contre les peurs. On se crée une carapace contre les agressions extérieures.

> **La colère** est un état affectif violent et passager, résultant d'une situation vécue comme une agression (verbale, physique) ou d'une injustice, traduisant un vif mécontentement. La colère peut, dans certains cas, être accompagnée de réactions brutales. Elle se manifeste par des excès en paroles ou en actes : cris, insultes, voire violences, agressions physiques. La colère peut être une protection pour les gens qui ont besoin d'exprimer un trop plein.

La colère est souvent le dernier moyen d'expression, quand nous ne sommes pas en mesure de nous exprimer avec notre cœur, ni d'être entendu. En général, moins une personne à la possibilité d'utiliser des mots pour exprimer ses besoins et ses sentiments, plus elle va avoir recours à la violence verbale ou, dans les cas extrêmes, physique. C'est le langage du corps. Les accès de colère expriment la **PEUR de ne pas être écouté**, d'être incompris. La colère est saine.

**Exprimer ses émotions et ses ressentis quels qu'ils soient, colère, joie, tristesse est l'attitude la plus saine pour soi.** Toutes les émotions que l'on peut vivre et traverser en tant qu'être humain, sont bonnes à exprimer. C'est très important. Si ces émotions existent ce n'est pas pour rien.

Il faut, idéalement, les faire sortir du corps. Littéralement ! Ruminer, taire ce que l'on ressent, camoufler et « introvertir » ses ressentis ne fait de bien à personne. Cette posture ne sert qu'à gagner du temps, qu'à repousser une échéance inéluctable.

Il s'agit même d'un comportement extrêmement nocif qui peut finir par se marquer dans le corps et créer des pathologies. Les ressentis qui suscitent un malaise, un inconfort, une révolte sont à expulser, car ils rongent leur hôte de l'intérieur.

En revanche, exprimer une colère canalisée, bien maîtrisée et utilisée à bon escient permet souvent de transformer la situation à l'origine de la colère en une expérience positive. Bien entendu cela ne signifie pas qu'il est nécessaire de s'énerver à tout-va. La colère doit s'exprimer mesurément, sans dépasser outrageusement les bornes.

Certaines personnes peuvent tomber dans l'excès de l'expression de leurs émotions. C'est bien souvent le cas en voiture. Il n'est pas rare d'observer des personnes, d'ordinaire très calmes perdre patience face à un feu rouge ou à un autre automobiliste qui a eu le malheur de ne pas enclencher son clignotant. Ce type de colère est peu constructif.

En tant qu'être humain ce qui nous met sainement en colère sont des paroles ou des actes qui nous heurtent, nous vexent, nous blessent, nous touchent personnellement.

Dans notre quotidien, nous sommes tous amenés parfois à réagir avec colère. Même si ce n'est que rarement bien perçu, cette réaction est normale.

Face à une critique, une remontrance personnelle, on devient le réceptacle de la colère de l'autre qui se déverse sur nous jusqu'à ce qu'on absorbe complètement le fait que l'on soit attaqué. Bien entendu, notre instinct primaire nous pousse généralement à riposter puisque sans cela notre ego s'estimerait piétiné.

Bien-sûr, cela demande des efforts que d'apprendre à maîtriser son énervement et à se poser les bonnes questions pour parvenir à prendre du recul sur la situation.

Il est beaucoup plus facile de réagir agressivement pour la simple et bonne raison que notre ego ou notre mental a ressenti quelque chose de négatif face à une personne ou à ce qu'elle vient de dire ou faire, que de prendre conscience que sa colère lui appartient tout autant que la nôtre nous appartient.

Ce qui est parfois inquiétant, c'est que la colère est de plus en plus exprimée pour des causes personnelles, pour soi, pour sa défense propre que pour les réelles injustices de la vie.

On se met plus facilement en colère contre son conjoint « *qui a encore oublié de sortir la poubelle* » ou contre un automobiliste qui double par la droite que pour une injustice vécue par quelqu'un d'autre.

Si nous employions rien qu'une toute petite part de l'énergie que nous utilisons pour extérioriser des colères individuelles et autocentrées, aux autres et au monde dans lequel nous vivons (les enfants, les femmes, les forêts, les abeilles, etc.) bien des gens se sentiraient mieux. Si les êtres humains arrivaient à s'énerver pour des choses plus globales, le monde se porterait mieux.

> **La luxure** se définit par le comportement de quelqu'un qui se livre sans retenue au plaisir sexuel. Un plaisir recherché uniquement pour lui-même.

La volonté de multiplier les partenaires sexuels provient, dans beaucoup de cas, d'un manque criant de confiance en soi. Plus la liste des conquêtes s'allonge, plus cela « prouve » que nous sommes beaux, séduisants, intelligents, ou encore méritants. C'est en tout cas le raisonnement que mènent nombre d'individus qui multiplient les aventures sans lendemain. Le besoin compulsif de collectionner, que ce soit des partenaires sexuels, des chaussures ou des voitures, est l'expression de la même peur. La crainte de se confronter au vide intérieur en dehors des possessions matérielles, au manque d'amour en soi et pour soi. **PEUR de n'être rien**. En réalité ces personnes ont tout simplement une peur panique d'être aimées et de fait, se l'interdisent. Dans les faits, j'ai pu observer que lorsqu'enfin ils finissent par s'accorder ce droit, ce sont les partenaires les plus fidèles.

Cette même logique d'expression des peurs s'applique à d'autres émotions négatives, plus secondaires, mais toutes aussi virulentes telles que :

*La jalousie*, ce sentiment fondé sur le désir de posséder quelque-chose ou quelqu'un. Elle est basée sur la **PEUR de la perte au profit d'un rival.** Les jaloux donnent généralement plus d'importance à l'autre qu'à eux-mêmes. Ils estiment mériter d'être trompés. La jalousie est un mélange d'émotions reliées à la PEUR, comme la colère, la tristesse, la frustration et le dégoût.

*L'anxiété* est un trouble émotionnel se traduisant par un sentiment indéfinissable d'insécurité. Elle n'est rien d'autre que la manifestation de **la PEUR de l'avenir**.

*La pitié* est un sentiment qui donne l'illusion de compatir aux souffrances ou à la faiblesse d'autrui, en le traitant avec une indulgence particulière. La pitié est en réalité la manifestation émotionnelle de la **PEUR de subir le même sort**, d'avoir à expérimenter la même chose que la personne qui est en souffrance. Cette émotion est très différente de la compassion même si beaucoup de gens les confondent. Elle renvoie à une culpabilité, une responsabilité qui n'a pas lieu d'être.

Ce tour d'horizon des émotions les plus courantes, vous aidera, je l'espère, à identifier la peur chez les autres et la peur en vous. Après nous être penchés sur une palette (non-exhaustive) d'émotions négatives qui font référence à la PEUR, je vous propose un rapide tour d'horizon des sentiments et émotions qui relèvent de l'AMOUR et qui manifestent donc, des besoins comblés.

***La joie*** est l'émotion reine. Chacun de nous rêve de la ressentir, à chaque instant. Elle se traduit par un sentiment de plaisir, de bonheur intense, caractérisée par sa plénitude et sa durée limitée. Une personne joyeuse est quelqu'un dont l'aspiration, le désir est satisfait ou en voie de l'être.

***L'apaisement*** est l'état de quelqu'un qui retrouve le calme intérieur après une tempête. Éprouver cette émotion suppose un certain effort. L'apaisement va souvent de pair avec la satisfaction de soi.

***La décontraction*** se manifeste par un relâchement musculaire général, une détente psychologique, recherchés volontairement.

***L'assurance*** est un sentiment de confiance et d'estime de soi. Parvenir à ressentir cette émotion est, pour beaucoup d'entre nous, un combat contre notre mental et sa capacité d'auto sabotage.

***L'harmonie*** est le rapport heureux qui unit toutes les parties qui composent un tout.

***La bonne humeur*** est une manifestation extérieure des dispositions affectives positives d'une personne.

## La sensibilité est au cœur du fonctionnement de chaque personne

Notre sensibilité détermine nos réactions et comportements face aux émotions qui nous traversent.

La sensibilité nous permet de ressentir ce qui se passe en nous d'une part, et chez l'autre d'autre part. Toutefois, savoir gérer ses manifestations demande une certaine connaissance de soi et une capacité de prise de recul. En effet, la sensibilité est spontanée, réactionnelle. Chaque individu développe sa propre sensibilité basée sur son vécu et ses filtres émotionnels.

Cela dit, on peut observer des attitudes de base face à une manifestation de sa sensibilité. Si certaines personnes adoptent, souvent inconsciemment, une posture de méfiance, de refoulement systématique induite par la crainte de se laisser aller, d'autres au contraire laissent libre cours à leur sensibilité au risque de la rendre maîtresse de leurs décisions.

## La rumination mentale

La plupart des gens qui viennent me consulter sont en quête de réponses sur ce que leur réserve leur avenir. Déstabilisés par des états émotionnels néfastes, des peurs qui les assaillent, ils sont généralement bouleversés par tout un tas de crispations qui les empêchent d'être confiants en eux.

Chacun de nous, dans son subconscient, génère un milliard de pensées, positives comme négatives, par jour. Dès l'état embryonnaire, dans le ventre de notre mère, nous sommes soumis aux émotions et peurs maternelles. De la naissance, en passant par l'enfance, l'adolescence puis la maturité, d'autres angoisses se greffent les unes aux autres. Des angoisses inhérentes à notre être propre mais également à celui des autres. Des peurs récurrentes qui, si elles ne sont pas traitées puis libérées, se manifestent encore et encore à chaque cycle de vie, sous des formes différentes jusqu'à ce que la « victime » évolue. Chacun de nous vit des hauts et des bas émotionnels avant de trouver un équilibre plus serein. PERSONNE n'y échappe !

Je crois que les souffrances émotionnelles les plus récurrentes de l'Homme sont davantage celles qu'il redoute que celles qu'il subit. La peur de l'échec est la principale embûche qui bloque l'épanouissement des personnes. Le romancier américain Mark Twain disait « *j'ai eu beaucoup de problèmes dans ma vie, dont la plupart ne sont jamais arrivés.* » Pour résumer, ruminer nos pensées basées sur la peur peut nous rendre fous, qu'elles soient ancrées, ou non, dans la réalité, d'où l'expression « *se torturer l'esprit* ». Or, l'essentiel des ruminations de l'être humain concerne des choses sur lesquelles il n'a aucune influence (l'image que les autres ont de lui, le souvenir d'événements qui appartiennent au passé, etc). La rumination mentale est un phénomène naturel. Étymologiquement, le mot vient du latin rumen (panse), qui fait référence au processus digestif du bétail. Ruminer ses expériences émotionnelles, c'est simplement prendre le temps de les digérer.

Lorsque je reçois mes clients, je ressens au plus profond de moi les émotions qui les dominent. À chaque consultation, je dois trouver la force de ne pas laisser ma propre sensibilité porter les états émotionnels des autres. Je dois être à l'écoute mais garder ma place. Si je m'ancre trop dans la matière, les peurs de mes interlocuteurs, je ne vais pas réussir à être « *juste* » dans ce que je vois. Y parvenir est un travail de tous les jours. Avant chaque séance, j'élève ma vibration jusqu'à atteindre un niveau de conscience supérieur, plus détaché. « *Je ne suis plus dans ma tête mais dans une salle de théâtre* ».

## Prendre conscience des blessures de son âme

Je ne conseillerai jamais assez à mes clients et à toute personne en quête de découverte et de croissance personnelles de lire *Les cinq blessures qui empêchent d'être soi-même*, de Lise Bourbeau. Cette auteure canadienne, qui a développé une méthode et une école : « *Écoute ton corps* », y dresse le portrait détaillé des cinq blessures fondamentales à l'origine de la plupart des malaises et maux, physiques ou psychologiques, que rencontre tout être humain au cours de son chemin de vie. Des plaies invisibles et spécifiques, nées dans l'enfance, qui se manifestent en général par le port d'un masque sociétal particulier selon la circonstance. Comprendre ces mécanismes est, à mon sens, une excellente première base vers l'épanouissement émotionnel. Ainsi, Lise Bourbeau décrit, en ces termes :

*« Le rejet : rejeter quelqu'un, c'est le repousser, ne pas vouloir l'avoir à ses côtés ou dans sa vie. »*

C'est la blessure la plus douloureuse. Le corps de la personne qui en souffre est plus petit et fragile que la moyenne. Sa plus grande peur est la panique de ne pas être capable de gérer une situation. Le masque de cette personne est « fuyant ». Plus la blessure de rejet est forte, plus la personne s'attire des circonstances pour être rejetée ou rejeter quelqu'un d'autre. (...) Si nous vivons le rejet, c'est parce que nous nous rejetons nous-même (...) C'est pourquoi un individu rejeté arbore un masque de fuyant qui se mésestime mais qui recherche sans cesse la perfection. Sa plus grande crainte est la panique. En réaction, il se sauve, il se cache.

*« L'abandon : abandonner quelqu'un, c'est le quitter, le laisser, ne pas vouloir s'en occuper. »*

La blessure de l'abandon est causée par le parent du sexe opposé. La personne qui souffre de cette blessure aura un corps mou, une attitude léthargique. Le masque de cette personne est la « dépendance ». Une personne abandonnée agit souvent en victime ou en sauveur [...]. C'est un dépendant qui a besoin d'être soutenu plus qu'aidé. [...] Sa plus grande peur est la solitude.

*« L'humiliation : se sentir rabaissé, se rabaisser ou rabaisser quelqu'un outrageusement. »*

Les personnes qui en souffrent s'estiment indignes, honteuses, malpropres, non aimables. [...] Un enfant humilié se créera un masque de masochiste qui trouve de la satisfaction et même du plaisir à souffrir. [...] Chaque fois qu'il semble vouloir tout faire pour les autres, il désire en réalité, se créer des contraintes et des obligations. Le masochiste est celui qui écoute le moins ses besoins. [...]

*« La trahison : c'est cesser d'être fidèle à quelqu'un ou à une cause. »*

Cette blessure est liée à l'abandon. La personne ayant souffert de trahison veut montrer sa force et dominer le sexe opposé. Elle a aussi beaucoup de difficultés à gérer le mensonge. Cette personne est dite « contrôlante ».[...] C'est elle qui a le plus d'attentes vis-à-vis des autres et le moins de patience parce qu'elle aime tout prévoir et tout diriger.

*« L'injustice : sentiment éprouvé par quelqu'un qui ne se sent pas apprécié à sa juste valeur. »*

Cette blessure est liée au rejet. La personne qui en souffre souhaite être parfaite : au plan physique et dans ses actions. Elle préfère se couper de sa sensibilité plutôt que de risquer de mal faire. L'adjectif qui lui correspond le mieux est rigide.[...]

Enfin, toujours d'après Lise BOURBEAU, « *nous naissons tous avec une ou plusieurs de ces blessures et chacun souffrira d'au moins quatre des cinq blessures dans sa vie.* » Autant dire que personne ne semble pouvoir y échapper. Toutefois, l'acceptation est l'élément déclencheur du processus de guérison émotionnel.

## Exprimer ses émotions

Le chemin de la libération émotionnelle passe forcément, et au premier chef, par l'expression pure et simple de l'émotion. Il n'y a pas d'autre façon de faire. Il faut accepter son existence, la laisser s'épanouir pour la libérer et la rendre à l'univers. Toute émotion, jouissive ou toxique, exprime quelque chose de profond, nous apprend quelque chose sur nous-même.

## Ne pas se laisser aveugler par ce que l'on croit savoir

En tant qu'être humain nous avons tendance à survaloriser la compréhension, notre capacité de réflexion. Elle est fondamentale sauf que ce qui l'anime, lui donne du sens, c'est la vie émotionnelle.

En trente années d'exercice de la parapsychologie, après avoir reçu des centaines de clients, j'ai compris que l'essence même de ce qu'on peut appeler « *folie* » ou « *hystérie* » touche justement la place de ces émotions face à notre capacité à les gérer ou à se laisser déborder.

## Assumer la responsabilité de son fonctionnement émotionnel

Ce qui est souvent difficile avec les adultes, c'est que nombre d'entre eux pensent être en capacité de comprendre leurs émotions. Souvent, je me retrouve face à des clients extrêmement sûrs d'eux qui se leurrent d'auto-analyses erronées.

Ils affirment les choses avec une telle violence, qu'ils ne se rendent pas compte de la portée « enfantine » de leur attitude.

Il ne faut pas oublier que l'adulte gardera toujours des traces de ses blessures d'enfance (cf. THÈME 3). Il sera toujours habité par elles. Lorsque les adultes nient leur part d'enfance, ils créent une barrière qui, face à un trop plein, parfois explose et provoque des réactions « infantiles » qui sont très mal jugées par l'entourage, habitué au masque. Cette explosion émotionnelle soudaine peut amener une incompréhension et donc des critiques : « *Comment peut-il réagir de cette façon* ? ». C'est un petit enfant qui, tout à coup, s'échappe !

J'aide, autant que possible, mes clients à prendre conscience du fait qu'ils sont les seuls maîtres de leurs émotions et qu'ils doivent prendre les responsabilités qui leur appartiennent.

Écouter les colères et les frustrations de mes clients fait partie de mon travail de parapsychologue. Cette étape est essentielle pour qu'ils dépassent leurs peurs ! Je les aide à identifier l'origine de leurs blessures d'âme. En décortiquant avec eux leurs émotions, leurs peurs profondes et souvent inconscientes qui les bloquent, mes clients prennent conscience qu'agir sur leurs angoisses leur permet de changer radicalement leur manière d'envisager leur vie et leurs rapports aux autres, tout en restaurant leur estime d'eux-mêmes.

Ne soyez pas trop dur avec vous-même ! Donnez-vous le droit d'expulser votre colère. Personne n'est parfait ! Ce sont les chemins tumultueux qui nous font le plus grandir.

## LES ÉMOTIONS DE L'ENFANT

Tristesse, colère, frustration sont des émotions qui rythment nos vies du matin au soir. S'il est déjà difficile pour les adultes de gérer leurs propres ressentis, la tâche est encore plus ardue lorsqu'il s'agit d'enfants ou d'adolescents. Ils ressentent les émotions avec davantage d'intensité et de force. Plus facilement débordés par elles, ils laissent souvent leurs parents et leur entourage sans ressources. Comment expliquer ces montagnes russes émotionnelles ?

Avec les plus jeunes il est indispensable de partir du ressenti pour les aider à comprendre les émotions qu'ils traversent.

Souvent en tant qu'adulte, lorsque nous essayons de communiquer avec un enfant ou un adolescent à propos de ce qu'il ressent, nous tentons de le faire en partant du principe qu'ils savent ce qu'est une émotion. Or, cela est rarement le cas. Ils les ressentent mais ne sauraient les définir.

Par exemple, un jeune enfant ne vous dira jamais : « *j'ai peur d'aller à l'école* », mais plutôt « *j'ai mal au ventre* ». Il ne dira pas non plus qu'il se sent frustré ou en situation d'injustice, il « piquera » une colère qui, du point de vue de ses parents, peut sembler incompréhensible. Lui-même ne sait pas ce qu'il se passe en lui.

Les enfants ne sont pas des adultes en miniature ! Il y a beaucoup d'incompréhensions entre parents et enfants. Le monde émotionnel des enfants est très différent. Aujourd'hui même la recherche en neurosciences a prouvé que le cerveau émotionnel de l'enfant ne peut être contrôlé par une autre partie du cerveau comme le cortex préfrontal, qu'à partir de six ou sept ans. Le cerveau émotionnel n'atteint sa maturité qu'à vingt-cinq ans et cela uniquement si l'enfant a pu se développer dans un environnement bienveillant.

Un enfant en colère est le premier à être dépassé par ce qui lui arrive. Il sent une énergie puissante qui monte en lui et essaie par tous les moyens de la faire sortir.

Pour l'aider efficacement, il peut être bon d'imager concrètement ce qu'est une émotion :

*Nous avons un corps et un cerveau, mais nous avons aussi un cœur. Ce cœur est comme un ciel. Lorsque le soleil brille, tout va bien. On a envie de sauter, de danser, de crier son bonheur. C'est la joie. Parfois, le ciel est traversé par des nuages.*

*Évidemment, ils ne sont pas visibles comme ceux que l'on voit par la fenêtre, mais on les ressent avec nos sensations.*

*Lorsque notre ventre se serre, c'est peut-être le signe qu'un nuage de peur est en train de passer. Lorsque notre gorge se noue, que nos mains tremblent, que des larmes nous montent aux yeux et qu'on se sent comme aplati, c'est sûrement un nuage de tristesse qui passe par notre ciel intérieur.*

## GÉRER LES ÉMOTIONS ADOLESCENTES

Avec des adolescents, l'angle d'« attaque » doit être différent. Ils vivent à des âges où l'on ne se sent pas à l'aise *dans* et *avec* son corps.

Ils ne sont plus des enfants mais pas encore des adultes pour autant. Il n'est plus alors question de nuages mais de tensions. Avec quelle intensité est vécu le ressenti intérieur parmi le flot de changements physiologiques en cours à l'adolescence !

Il est important qu'ils comprennent qu'on ne choisit pas ses émotions, mais que l'on décide de ce qu'on veut en faire.

Elles arrivent et il faut les accepter et les traiter si elles ont un impact nocif. En général, dans la vie, nous apprenons cette leçon de manière brutale. Lorsqu'un ado essaie d'exprimer son opinion, son désaccord et qu'il se heurte à des réponses telles que : « *Tu te tais ! Tu dois faire comme ci ou comme ça* ! », cela crée une dissonance chez le jeune garçon ou la jeune fille, qui risque de sur-réagir.

L'éducation est souvent fondée sur un système binaire : « *tu es gentil* » ou « *tu es méchant* ». C'est un tort ! Nous sommes tous et gentils et méchants avec la même force émotionnelle. C'est notre sensibilité qui détermine nos réactions et comportements.

## DES CLEFS POUR APPRIVOISER SA SENSIBILITÉ

*POUR VIVRE PLUS ÉPANOUI(E) IL EST PRIMORDIAL DE :*

Laisser s'exprimer tout ce qui a été retenu au niveau émotionnel. Personne n'est obligé de traîner ces sentiments néfastes. Réaliser que le passé est le passé et que nous ne pouvons pas le changer.

Prendre conscience que personne n'est responsable des événements toxiques survenu dans son passé (enfance, adolescence, etc.) Il est primordial de se débarrasser de toute forme de culpabilité. Par exemple si vous avez été bousculé par des parents autoritaires, perfectionnistes, prenez conscience que ce problème relationnel n'a pas de rapport avec votre attitude mais a sans doute été le fruit d'une reproduction générationnelle. Rendez la responsabilité aux gens responsables.

Comprendre que PERSONNE d'autre que vous ne peut guérir vos blessures émotionnelles.

Se convaincre qu'il n'est jamais trop tard. À tout âge, il est possible d'agir !

*COMPRENDRE, POUR APPRIVOISER SES ÉMOTIONS*

Voici, pour commencer, une série de questions à vous poser afin de vous aider à décrypter vos réactions émotionnelles :

***1. Écouter ses propres émotions :***

Êtes-vous à l'écoute de votre sensibilité ou avez-vous tendance à l'ignorer ?

Quelle importance accordez-vous à l'expression de vos émotions ?
A-t-elle sa place dans vos rapports avec les autres ?

Ressentez-vous des émotions négatives qui vous handicapent spécifiquement ?

***2. Accueillir les émotions des autres :***

Comment réagissez-vous spontanément face à une manifestation émotionnelle (peur, colère, tristesse, joie) chez l'autre ?

Quelles émotions ou quelles situations vous posent problème ? Quelles réactions suscitent-elles en vous ?

◇◇◇◇◇◇◇◇◇◇◇◇◇◇◇◇◇◇◇◇◇◇◇◇◇◇◇◇◇◇◇◇◇◇◇◇◇◇◇◇◇◇◇◇◇◇◇◇◇◇◇◇◇◇◇◇

***3. Analyser ses sensations :***

Identifiez une situation ou une conversation qui a récemment provoqué chez vous une ou des réaction·s sensible·s agréable·s et désagréable·s.

Qu'avez-vous vécu intérieurement à ce moment précis ? Essayez d'y revenir et de la ou les revivre, émotionnellement, avec du recul.

Décrivez brièvement la situation que vous avez vécue, puis tentez de décrire précisément, avec les mots qui vous viennent spontanément, la sensation que vous avez éprouvée. Concentrez-vous sur la sensation spontanée et non sur vos pensées ou vos convictions sur le sujet.

S'agit-il d'une sensation positive qui procure du bien-être ? Ou négative qui provoque un malaise ? Efforcez-vous d'utiliser des mots qui expriment les nuances de votre ressenti intérieur.

*APPRENDRE À CERNER SES PEURS*

Dans la vie, il peut être plus facile de définir ses peurs plutôt que ses objectifs pour avancer lorsque l'on est pétri d'angoisse. L'idée est empruntée à la philosophie stoïcienne. Posez-vous ces questions et répondez-y :
Quelle est la pire chose qui puisse m'arriver si je prends telle décision ? Si je fais tel choix ?
Que puis-je faire pour éviter un tel résultat ?
Au contraire, que se passera-t-il si cette décision abouti ?
Que se passera-t-il si je décide de ne rien faire du tout ?
Se poser ces questions peut s'avérer très utile lorsque la peur est une maîtresse régulière.

**Des pistes de lecture pour aller plus loin**

*BOURBEAU Lise Les cinq blessures qui empêchent d'être soi-même, Pocket 2013*
DAVIDSON, Richard, *Les profils émotionnels* (trad.), J'ai Lu, 2019.
GERARD Françoise, Être heureux, comment ? Arkhana Vox, 2008
GOLEMAN, Daniel, *L'intelligence émotionnelle*, J'ai lu, 2014.
LELORD François, ANDRÉ Christophe, *La force des émotions*, Odile Jacob, 2003.
THALMANN, Yves-Alexandre, *Le Décodeur des émotions*, First, 2013.

**Des pistes pour aller plus loin avec de jeunes enfants**

*Film : VICE VERSA*, Disney, 2015.
*Livres :* LLENA Anna, *La couleur des émotions*, Éditions Quatre fleuves, 2014
LALLEMAND Orianne, THUILLIER Éléonore, *Petit loup qui apprivoisait ses émotions*, Auzou, 2017.

◇◇◇◇◇◇◇◇◇◇◇◇◇◇◇◇◇◇◇◇◇◇◇◇◇◇◇◇◇◇◇◇◇◇◇◇◇◇◇◇◇◇◇◇◇◇◇◇◇◇◇◇◇◇◇◇

THÈME 3

# PRENDRE SOIN DE SON ENFANT INTÉRIEUR

L'enfant intérieur est celui ou celle que nous avons été et qui, dans l'ombre de notre inconscient, détient la clef de notre mémoire émotionnelle enfouie ; de nos souvenirs heureux comme malheureux. Son rôle, à l'âge adulte, est de se rappeler à nous, de nous guider et de nous éveiller, en nous incitant à nous accepter tels que nous sommes lorsque nous nions nos besoins profonds.

Travailler en collaboration avec lui est une partie essentielle des « **thérapies médiumniques** » que je mets en œuvre avec mes clients.

L'enfant intérieur est un sujet capital. Nous avons tous et toutes des failles à ce niveau-là. Des blessures béantes non-résolues, restées ouvertes qui viennent et reviennent nous hanter périodiquement. Elles sont la somme d'actes physiques, de non-dits, de paroles malheureuses, de négation de l'être, de ses potentiels et aspirations profondes qui ont porté atteinte à notre être émotionnel. Elles sont souvent à l'origine de troubles, de malaises que nous ne nous expliquons pas, à l'âge adulte. Ainsi, il est très important d'effectuer un travail de fond pour panser ces plaies afin de libérer son inconscient et aborder l'existence et l'avenir de manière plus sereine, en adéquation avec qui nous sommes. Toutefois, il faut avoir conscience que ce travail peut être très difficile à faire. Il suppose un tas de petites morts inconscientes qui font partie du processus « normal » de prise de conscience. Il suppose de réaliser que notre manière de penser et de gérer nos émotions n'est pas juste. Cette transition est délicate, mais nécessaire, pour trouver l'harmonie au-delà de ses propres conditionnements et de son éducation. Elle est comparable à un enfantement, une renaissance, dans la douleur.

## L’enfant intérieur, qu’est-ce que c’est ?

Chacun d’entre nous porte un enfant en lui. Il est le gardien de certaines émotions, de certaines blessures héritées de l’enfance. Il se trouve dans l’inconscient, donc séparé de notre fonctionnement conscient. Malgré cela, il fait partie intégrante de notre « être ». L’inconscient est considéré, en psychologie et dans l’imaginaire collectif, comme notre part d’ombre. Ainsi, nous avons souvent peur d’aller voir ce qui y est caché, car il nous inspire de la méfiance. Pourtant, chacun d’entre nous possède ce « côté obscur », qui agit dans la plupart de nos processus conscients. Il dicte une grande partie de nos choix. L’inconscient et l’enfant intérieur sont situés du même côté de la « barrière ». Ils sont tous les deux dans l’ombre. L’enfant intérieur est en quelque sorte le visage de notre inconscient, une éponge qui absorbe nos émotions.

L’enfant intérieur est une partie de nous que nous n’avons pas eu l’occasion d’exprimer pleinement, que nous avons rejetée au fil du temps, de notre éducation, de notre conditionnement sociétal. Nous ne le rejetons pas par choix mais parce que cette partie de nous n’a pas été acceptée par notre entourage, n’avait pas de place pour s’épanouir lors de notre développement. C’est une part de notre personnalité qui n’a pas pu grandir. C’est précisément pour cela que c’est un enfant.

## Le gardien des potentiels et des aspirations profondes

Il faut comprendre que lorsqu’une personne naît, elle est complète, pure et innocente. Elle est consciente de sa nature infinie et créatrice. En venant au monde, nous venons tous apporter notre touche unique à la Création. Nous n’arrivons pas sur Terre telle une page blanche. Bien au contraire. Nous sommes toutes et tous la somme de prédispositions, de talents dans tel ou tel domaine adjoints à une conscience universelle. Des potentiels que je compare à des semences. En grandissant, l’enfant va essayer de faire germer ces graines. Si l’enfant naît dans une famille qui partage ces aspirations et l’encourage dans la réalisation de ses aspirations profondes, alors ces graines évolueront en jeunes pousses, arrosées d’amour et d’encouragements. Dans ce cas idéal, l’enfant se développe sans subir de traumatismes importants. Toutefois, il est rare qu’un enfant ait l’occasion de se développer dans des conditions aussi propices.

La plupart du temps, les parents projettent sur leur enfant une idée de ce qu’ils aimeraient qu’il soit. Ils pensent, généralement en toute bienveillance, savoir ce qui est le meilleur pour lui. Or, si la nature des graines que l’enfant porte en lui diffère du plan et des attentes familiales alors ces dernières n’auront pas de place pour s’épanouir.

Si un enfant naît, par exemple, avec un intérêt tout particulier pour l’écriture, tout au long de son développement, il va s’intéresser à cette discipline. Si ses parents ont imaginé pour lui une carrière dans la comptabilité alors ceux-ci ne vont pas reconnaître et même parfois piétiner l’intérêt de l’enfant en tentant de planter de force d’autres semences. Les aspirations de l’enfant, de même que certains de ses traits de caractère d'ailleurs, resteront à un stade sous-développé. Pour plaire à ses parents et obtenir l'amour inconditionnel et spontané dont il a besoin, l'enfant va alors taire ses aspirations et les ranger dans un tiroir sombre, l'inconscient.

Or, aucun être ne peut, fondamentalement, changer sa nature, ce pour quoi il est fait. Quand nos parents nient ce que nous sommes à l'origine, ils créent un traumatisme pour l'enfant, notre être en devenir. Ce dernier est alors contraint à porter un masque, ce qui le plonge inconsciemment dans une profonde tristesse. Ce traumatisme va se marquer en nous. Ainsi, à chaque fois que, adultes, nous sommes confrontés à des situations qui rappellent ces aspirations « passées » ou que la partie de nous, refoulée, croise sur son chemin de vie un terrain de réalisation potentiel, nous pouvons vivre d'intenses moments de contradiction qui peuvent se manifester par l'expression d'un mal-être intense sous forme de crise de colère ou d'angoisse, par exemple. Ces accès de tristesse sont le résultat d'une résurgence du conflit passé. Notre enfant intérieur craint d'expérimenter le même rejet, le même abandon ou la même injustice vécue par le passé. Ainsi, il se braque et ferme la fenêtre qui venait de s'ouvrir.

L'existence de cet enfant intérieur explique pourquoi, il arrive que nous ayons la sensation d'avoir une double personnalité. Consciemment, nous pouvons affirmer que nous souhaiterions devenir cette personne qui assume et vit pleinement son potentiel mais lorsque nous passons à l'action des blocages apparaissent. Cette contradiction mène à des auto-sabotages.

**Ma « thérapie médiumnique »** consiste à rétablir le dialogue avec notre enfant intérieur afin de le réhabiliter, de lui donner de la valeur, de l'amour et de l'attention, afin qu'il dispose de l'engrais nécessaire à l'éclosion de ses graines. Ce n'est qu'en se confrontant aux traumatismes de son enfant intérieur que nous pouvons espérer redevenir aussi complet que le jour de notre naissance. Toute notre vie, nous avançons afin d'atteindre, à nouveau, cette complétude.

En consultation, lorsque je reçois mes clients, je perçois toutes sortes d'énergies qui émanent d'eux. J'ai également la faculté de percevoir l'apparence et l'attitude de l'enfant intérieur de chacun. Je sens s'il est recroquevillé, ligoté par des blessures inconscientes. Je me visualise assise sur un banc en compagnie de l'âme de la personne installée en face de moi. C'est elle qui me donne des outils pour aider l'enfant intérieur à retrouver de la joie et, in fine, la personne en face de moi à retrouver la voie de l'épanouissement. Au fil de chaque séance, je ressens son évolution.

Dès que je pense à ce sujet, je ne peux m'empêcher d'avoir une pensée pour l'un de mes clients de cœur et de longue date, Cédric.

*Cédric a été adopté à l'âge de quatre ans. Sur ce point, ses parents ont toujours été honnêtes avec lui. Inconsciemment sans doute, Cédric s'était donné pour mission de correspondre, à ce qu'il pensait être leur idée de l'enfant idéal. Ainsi, il s'est efforcé d'être quelqu'un d'autre. Dès l'enfance, il s'était mis à prendre du poids, au point d'être diagnostiqué obèse. Au fil des ans, son physique s'est mis à peser sur ses rapports aux autres. Cédric a énormément souffert de leurs jugements. Cette lourdeur relationnelle a fait naître en lui un sentiment d'oppression qui n'a fait que s'intensifier au fur et à mesure des années. Il l'empêchait de communiquer en toute justesse. Cédric n'assumait ni son identité, ni ses émotions et pensées profondes. Il s'interdisait d'être lui-même.*

*Lorsque j'ai fait sa connaissance, j'ai été stupéfaite de l'état de désolation dans lequel se trouvait son enfant intérieur. Je n'ai pas pu m'empêcher de m'exclamer : « O mon Dieu, que votre enfant est malheureux. » En effet, je distinguais un tout petit garçon, presqu'un nourrisson, incomplet tant il était contrit. Il n'était même pas totalement ancré, comme si une partie de lui-même était retranchée ailleurs, dans un endroit reculé et mystérieux, où, j'imagine, qu'il devait se sentir en sécurité. Ce que j'ai immédiatement perçu, c'est l'origine des blessures qui empêchaient Cédric d' « être ». L'abandon, le rejet, l'humiliation, l'injustice et la trahison, les cinq blessures de l'âme identifiées par Lise BOURBEAU étaient toutes, chez lui, des plaies restées ouvertes. Il a fallu que je me concentre sur ce qui était prioritaire à ce moment-là : lui faire prendre conscience qu'il pouvait tout simplement être aimé et qu'il avait même besoin de l'amour des autres pour ressentir de la joie.*

*Ainsi, je l'ai invité et aidé à visualiser sa part d'enfance, ce bébé. Dans le cas de Cédric, l'enfant était à un stade de développement très limité, contrairement à d'autres clients, que je rencontre, dont l'enfant intérieur, même s'il ne se porte pas au mieux, est à un âge où il peut comprendre des mots et des phrases. Avec son bébé, Cédric ne pouvait faire qu'une chose : le prendre dans ses bras et le bercer jusqu'à ce qu'il se détende, puis s'endorme dans des bras sécurisants. Dans certaines situations, les mots ne sont pas d'un grand secours contrairement aux gestes. Il n'y avait rien à dire mais simplement à être, avec bienveillance. Cédric imaginait cet enfant dans ses bras, le berçait, le cajolait, l'enveloppant d'amour sincère.*

*Petit à petit, séance après séance, j'ai vu cet enfant s'ancrer de plus en plus dans la vie et accepter progressivement son incarnation. Cédric a vécu des petites morts inconscientes, des prises de conscience qui marquent le début d'une nouvelle ère personnelle (cf. THÈME 4), mais son choix était fait dès notre première rencontre. Il avait opté pour la vie et comptait bien tout mettre en œuvre pour trouver la sérénité à laquelle, au fond de lui, il aspirait tant. Progressivement, Cédric a non seulement pris conscience de l'existence de cet enfant, mais il a également appris comment lui rendre la vie plus facile pour s'apaiser intérieurement. Lors de l'une de nos séances, j'ai pu prendre la mesure de la progression vertigineuse de Cédric. Je découvrais, assis face à moi, un jeune homme qui laissait pleinement son enfant intérieur s'exprimer. Depuis notre dernière séance, il avait travaillé à faire progresser, grandir et sourire son enfant qui était désormais ouvert au dialogue et de ce fait ouvert au monde.*

*« Pourquoi maman ne m'aime pas ?*

L'inconscient de Cédric, qui s'adressait à sa mère biologique qui l'avait abandonné, avait tant besoin d'une réponse.

*— Par amour ! »* Ma réponse a été cinglante pour lui.

*Elle a été très douloureuse, mais nécessaire à entendre. Lorsqu'il est né, sa mère biologique a ressenti beaucoup d'amour pour cet enfant. Seulement, elle était trop jeune et trop instable. Elle vivait de la prostitution et n'avait ni ressource ni aide pour élever un nourrisson. Le confier à l'adoption a été, pour elle, un choix déchirant mais guidé par l'espoir d'une vie meilleure pour ce petit garçon.*

*Il a fini par comprendre que celle qui l'avait mis au monde en l'abandonnant avait renoncé à ses liens de sang de même qu'à ses droits parentaux, parce qu'elle l'aimait suffisamment pour lui souhaiter une vie heureuse avec des parents fous de joie à l'idée de pouvoir l'élever. Accepter cette idée a supposé pour Cédric de faire le deuil des conceptions erronées dont il s'était martelé la tête toutes ses années. Il n'a pas été abandonné parce qu'il n'était pas aimable mais plutôt très aimé.*

*Le choc de cette étincelle a été rude, et l'encaisser a pris du temps. Au départ, elle a eu l'effet d'un feu de forêt, mais ce sont sur ces braises fumantes que Cédric s'est bâti une nouvelle vie. Émotionnellement, il a souffert, mais il devait en passer par là pour distinguer la bonne direction à prendre. Une fois identifié, le chemin peut encore être long, mais il est très important de le parcourir.*

Il faut se montrer patient et ne pas être trop dur avec soi si l'on a besoin de temps. L'Essentiel est d'y travailler. Plus tôt et plus on s'y consacre, plus l'existence s'apaise, progressivement.

Cédric est une magnifique illustration d'un phénomène que j'ai largement pu observer. **Lorsqu'on décide de partir en quête de soi, le voyage ne s'arrête jamais.** Évoluer, en profondeur, apporte une libération et un sentiment de grande satisfaction personnelle. Elle devient comme un besoin essentiel, une sève qui s'infiltre en nous et réclame un entretien et une circulation permanents. Aujourd'hui, plusieurs années plus tard, Cédric est un homme qui rit sincèrement de presque rien.

## Apprendre à être un bon parent pour son enfant intérieur

Quand notre enfant intérieur est blessé, il dramatise, fait d'une mouche un éléphant. Il donne le sentiment que rien ne peut s'arranger. Pour un enfant, le passé c'était hier, demain n'existe pas. Il vit les émotions dans l'instant. Un enfant est une éponge à émotions tout comme notre enfant intérieur. Les enfants laissent peu de place au mental dans leurs réactions. Ils laissent exprimer leur « Être ».

Il faut protéger notre enfant intérieur, des mots et des actes blessants afin que ces « blessures » ne s'impriment pas dans l'inconscient. Dans le cas contraire, il y a fort à parier que cette mémoire néfaste ne refasse surface aux moments les plus inopportuns et ne nous bloquent dans les grands moments de nos vies.

Lors d'une « thérapie médiumnique » comme celle que j'ai menée avec Cédric, j'aide mes clients à prendre conscience de leurs forces intérieures et à les développer. Mon moi supérieur (de conscience supérieure) parle à leur enfant intérieur. Les enfants qui apprennent à marcher ont souvent besoin qu'on leur tienne légèrement la main pour qu'ils osent s'élancer. Je ne fais rien de plus que ça, simplement j'agis sur les **mouvements émotionnels** des gens.

## Cessez de croire que nous ne pouvons agir sur nos émotions

Une des erreurs classiques est de se persuader que l'impact des événements toxiques passés est tellement problématique, grave, que nous ne pouvons rien faire pour le stopper. Or, en tant qu'adultes autonomes, nous avons tous le pouvoir de décider de l'orientation que nous souhaitons donner à notre existence terrestre.

Nous avons tous des parents. Des parents qui ne sont pas parfaits puisque, bien entendu, les parents parfaits n'existent pas. Si deux personnes partagent le même passé, l'interprétation qu'elles en feront ne sera pas la même. La perception des événements est propre à chaque individu et les émotions générées sont uniques à chacun. Il n'existe pas non plus deux enfances semblables. Certaines ont été plus blessées que d'autres. Il va sans dire que les enfants battus, malmenés, abandonnés, manipulés, non-désirés, sous l'influence d'un parent défaillant ont besoin plus que tous les autres de réparer leur enfant intérieur meurtri. Il n'en demeure pas moins que les personnes dont l'enfance aura été plus facile gardent également des blessures (des mots, des actes) qu'il est important de traiter.

Prendre conscience de l'existence et du soin à apporter à notre enfant intérieur permet de désimprimer de vieilles mémoires ancrées.

**Toute personne doit apprendre à se connaître pour ne pas se laisser happer par les autres.** Si nous acceptons l'autre tel qu'il est, c'est-à-dire différent de nous, nous finissons par nous accepter nous-même.

## Restaurer l'estime que l'on a de soi

Lorsque nous prenons de l'âge, nous restons souvent bloqués sur des émotions. A force de se blesser, nous créons nous-même des blocages dans notre inconscient. Ainsi, nous fabriquons, sans nous en rendre compte, des situations néfastes qui *apportent de l'eau à notre moulin* d'auto-sabotage. Nous bâtissons, petit à petit, une tour d'ivoire impénétrable. Pourtant le simple fait de **verbaliser ses émotions négatives suffit souvent à les libérer**. En les acceptant, nous passons à autre chose. Faire ce travail permet souvent de retrouver une estime de soi perdue. Lorsque nous prenons la peine de traiter son enfant intérieur, automatiquement nous nous estimons davantage et nous nous donnons le droit d'être. Nous ne sommes plus dans une logique de compétition pour être aimé, nous aimons tout simplement. C'est là, je crois, le but à atteindre.

Je pense notamment à l'histoire de Nicole.

*Lorsque je l'ai rencontrée il y a deux ou trois ans, j'ai trouvé en face de moi une femme totalement fermée. Je distinguais un enfant intérieur gravement meurtri, recroquevillé sur lui-même. Toute sa vie d'enfant et de jeune adulte, Nicole a souffert de troubles émotionnels. Son enfant intérieur était gravement blessé par une éducation rigide et une absence totale de communication avec ses parents. Si bien que Nicole, adulte, ne maîtrisait pas ses états émotionnels. Pendant des années, elle a souffert de troubles aigus de l'humeur oscillant entre dépression sévère et exaltation. Elle s'est mariée à un homme, qu'elle aimait sincèrement mais qui était aussi rigide que l'étaient ses parents. Elle a ainsi reproduit le schéma qu'elle avait toujours connu. À mesure que les années passaient, les troubles de Nicole se sont encore accentués jusqu'à la placer dans des situations dangereuses. Ainsi, son mari l'a emmenée consulter un psychiatre. Ce médecin a diagnostiqué chez Nicole un trouble bipolaire sévère et a immédiatement mis en place un traitement médicamenteux lourd qui a simplement mis sur pause l'expression de ses états émotionnels au lieu de les traiter. À partir de là, à chaque fois que Nicole a essayé d'exprimer, sans doute maladroitement, ce qu'elle ressentait à son mari, ce dernier se réfugiait derrière le diagnostic médical. « Ce n'est pas toi qui parles, tu dis cela parce que tu es bipolaire ». Cette attitude la renvoyait à de vieilles blessures et réactivait son sentiment de ne pas être respectée en tant que personne sensible. La communication entre les époux était définitivement rompue. Pourtant ils ont vécu ensemble de nombreuses années encore. Nicole, petit à petit, a sombré. Un jour elle a rencontré un thérapeute qui l'a aidée à sortir sa colère vis-à-vis de son père qui ne lui témoignait pas de respect. Elle s'est également exprimée au sujet de son mari qui suivait le même chemin depuis l'annonce du diagnostic de sa bipolarité. Grâce à ces séances de psychothérapie, axées sur la reconnaissance et la guérison de son enfant-intérieur, Nicole est sortie de la pénombre. Progressivement, elle a pu amorcer une communication avec son mari. Délestée de cette colère, si profondément ancrée en elle, Nicole a pu initier un dialogue serein, impossible depuis des années. Cela dit, pour elle, le mal était fait. En travaillant à guérir ses émotions, elle a reconnu ses erreurs mais également réalisé qu'elle ne pourrait atteindre l'épanouissement auquel elle aspirait tant, en se maintenant dans sa vie. Ainsi, elle a pris la décision de quitter son mari et de prendre sa vie en main. Une décision qui a été très difficile à prendre, car elle l'aime toujours énormément. Son mari, quant à lui, a compris que son attitude avait été toxique. S'il culpabilise énormément d'avoir entretenu les difficultés de sa femme, aujourd'hui, ils sont amis et se retrouvent régulièrement pour discuter de sujets qu'ils n'auraient jamais abordés pendant leur mariage. Nicole est en paix à l'intérieur d'elle, son enfant intérieur est rayonnant et « ses accès d'humeur » se sont stabilisés.*

Il y a sans doute un peu de magie dans tout cela, des étincelles qui jaillissent de notre propre baguette. Nous avons tous le pouvoir de trouver la nôtre et de nous en servir d'un geste. Il faut simplement y mettre la bonne intention.

### Guérir son enfant intérieur, le plus beau des cadeaux pour soi

L'erreur que beaucoup de gens font dans leur vie d'adulte est de chercher, à l'extérieur, auprès des autres celui qui réparera le mal qui a été fait. Nous allons courir après une reconnaissance professionnelle. Nous allons, par tous les moyens, chercher à briller dans tel ou tel domaine, à fonder un couple en demandant à notre partenaire de nous réparer. Des réactions très humaines qui en réalité sont la manifestation d'un mécanisme de défense que nous mettons en place pour survivre. Il ne faut ni le prendre à la légère, ni se culpabiliser de cette posture qui était peut-être adaptée au moment précis de l'enfance. A l'âge adulte, il est important de prendre conscience qu'il existe d'autres possibilités. Qu'il est possible de se débarrasser de façons de raisonner et de faire, que nous pensions bonnes, mais qui expliquent souvent une succession d'échecs, dans les relations de couple, par exemple.

Il n'est pas facile d'affronter l'origine de toutes ces blessures. Travailler cette question, c'est aussi se mettre en difficulté, car les émotions refoulées feront inévitablement surface.

Agir sur ses émotions n'est pas synonyme d'actions violentes. Il ne s'agit pas de se confronter à des personnes que l'on tiendrait pour responsables de son état. Il s'agit d'**agir sur soi en se confrontant aux émotions que nous nous sommes donné tant de mal à cacher.**

### Amorcer puis entretenir un dialogue intérieur

Le meilleur moyen d'apaiser les douleurs cristallisées dans la mémoire de notre enfant intérieur est de s'adresser directement à lui. Aujourd'hui c'est l'adulte qui doit regarder l'enfant et le prendre en charge.

Se parler ainsi à soi-même permet de prendre conscience que nous sommes dignes d'amour. S'aimer soi-même ouvre des portes.

*Je suis la personne principale de ma vie. Je cesse de m'occuper et de me préoccuper de tout le monde. Je m'occupe prioritairement de moi-même. J'aiderai éventuellement les autres mais seulement si cela me convient, à moi. Je ne peux sincèrement donner à l'autre que si mes besoins sont satisfaits.*

Une relation saine est un échange gagnant pour tout le monde. Ce que je préconise, c'est de cesser de s'oublier, de regarder son enfant intérieur et d'affronter son regard de face.

### L'espoir du présent et des temps à venir

Dans la société occidentale, nous sommes de plus en plus nombreux, et de tous âges, à être conscients des enjeux de la connaissance de soi et du bien-être intérieur. Tout un tas de disciplines ancestrales nées en Extrême-Orient, méditation guidée, méditation de pleine conscience, hypnose, yoga, sophrologie, acupuncture, etc., offrent aujourd'hui des outils pour travailler et traiter, en douceur et à son rythme, les blessures de son enfant intérieur. De plus en plus de personnes abattent aujourd'hui leurs barrières et progressent même après avoir passé des années à penser que la cause était perdue.

Les enfants d'aujourd'hui ne sont plus aussi prisonniers de ces croyances anciennes que les enfants d'autrefois. En effet, de plus en plus de parents placent le bien-être de leurs enfants en tête de liste de leurs principes d'éducation. Ils sont souvent en rupture complète avec les manières de faire de leurs propres parents qui souvent les ont contraints à taire leurs envies et leurs besoins profonds. Il s'agit là d'une évolution positive qui peut toutefois toujours mener à une « incompréhension » chez les enfants.

J'ai été récemment confrontée à une situation de ce type avec l'une de mes clientes, Nora.

*Au cours de son propre développement, Nora a été amenée à effectuer un énorme travail sur elle-même. Artiste dans l'âme, ses aspirations profondes ont longtemps été contrecarrées par ses parents qui ne trouvaient aucun intérêt à laisser s'épanouir son potentiel créatif. Après des années de lutte contre un parcours conventionnel imaginé par ses parents, Nora a fini par trouver un moyen d'exprimer ses talents et ainsi s'épanouir. Bien décidée à ne pas reproduire le même schéma, elle a mis un point d'honneur à offrir à ses deux enfants une éducation différente, tournée vers l'épanouissement de soi. C'est pourquoi, elle les a inscrits dans une école qui met en pratique les principes d'éducation de Maria Montessori. Nora et son mari, d'ailleurs, étaient persuadés d'avoir fait le bon choix. Pourtant, après quelques mois de scolarisation, leur fils âgé de quatre ans et demi a commencé à se plaindre de douleurs à l'abdomen jusqu'à développer de réels problèmes de santé liés à sa digestion. Nora est venue me consulter, car elle s'inquiétait du déclin physique et du sort médical de son fils. J'ai immédiatement compris ce qui rendait malade ce petit garçon. Étant donné son jeune âge, il n'était pas encore en mesure d'exprimer clairement son « véritable » malaise. En développant des troubles digestifs il tentait de communiquer, sans succès, avec ses parents. Il essayait de leur dire : « Je ne me sens pas bien dans mon école ». En effet, sa maîtresse et l'équipe pédagogique le faisait travailler dans un sens qui ne correspondait pas à son essentiel. Ses enseignants lui montraient une manière de faire incomplète selon lui. L'enfant avait besoin de suivre un enseignement classique dans une école « normale ». Faire comprendre ce message à Nora a été difficile. Elle, qui pensait sincèrement faire au mieux pour ses enfants, n'imaginait pas une seconde que son fils puisse souffrir de son choix. Il a fallu plusieurs consultations pour qu'elle prenne conscience que ce qui aurait pu être bon pour elle, et qui fonctionne avec sa petite fille, ne l'est pas forcément pour son fils. Nora a été amenée à traverser différents états de son enfant intérieur. Elle s'est replongée dans son passé pour se re-confronter aux ravages qu'a causé l'obstination de parents qui pensaient bien faire, sans prendre en compte les besoins spécifiques de leur enfant. Nora a fini par reconnaître son erreur. Elle a inscrit son fils dans un établissement public et, du jour au lendemain, ses troubles digestifs ont tout simplement disparu, le signe pour elle que cette décision était la bonne.*

## QUELQUES ASTUCES

*PRENDRE SOIN DE SON ENFANT INTÉRIEUR ET LE RÉPARER CONCRÈTEMENT*

Vous venez, peut-être tout juste, de prendre connaissance de l'existence de votre enfant intérieur. Comment vous connecter à lui ? Comment le rencontrer afin de dresser un bilan de son état et pouvoir amorcer un travail de réparation ?

Si vous ne savez pas par où commencer, sachez qu'il faudra vous remplir, vous occuper de vous-même comme vous le feriez avec votre propre enfant ou avec un enfant de votre famille qu'il vous faut rassurer, protéger.

Il existe tout un tas de façons de prendre soin de son enfant intérieur. Elles sont toutes liées à l'expression de ses émotions.

### Prendre contact et dialoguer avec son enfant intérieur

Le matin ou le soir, s'offrir quelques minutes de tranquillité, dans le calme et le silence.

Faites le vide dans votre tête. Si des pensées parasites apparaissent, repoussez-les. Vous les traiterez plus tard. Elles s'en iront comme elles sont venues. Fermez les yeux, prenez de profondes inspirations et expirez lentement.

Préférez une respiration ventrale. Placez une main sur votre poitrine et l'autre sur votre ventre. Veillez à ce que seule la main posée sur votre ventre bouge.

Efforcez-vous de visualiser cet enfant ainsi que son environnement. Prenez-lui les mains et donnez-lui toute l'attention que vous donneriez à un nouveau-né. Parlez-lui. Dites-lui des mots rassurants, remplissez-le de confiance et d'enthousiasme envers la vie et les joies qu'elle peut offrir si nous l'abordons sereinement.

*« Je comprends ce que tu as vécu. Les peurs qui en découlent étaient légitimes ».*

*« Tu as été dans l'attente de quelque chose qui n'est jamais arrivé. »*

*« Je te reconnais en tant qu'enfant et aujourd'hui je suis un adulte qui va prendre soin de toi. Je vais te donner ce qu'il t'a toujours manqué. Je vais te réparer. »*

« *Nous sommes une bonne personne qui mérite le meilleur. À partir de maintenant je vais chercher le meilleur pour moi. Je n'attends plus de recevoir pour me réparer* ».

Le pouvoir sur l'inconscient des mots prononcés avec force et intention est incommensurable.

Je conseille de ne pas hésiter à renouveler régulièrement ces moments de dialogue intérieur en se montrant bienveillant et encourageant avec son enfant intérieur.

« Je suis fier(ère) de toi »
« Je t'aime »
« J'ai confiance en toi »
« Tu es fort/forte »
« Tu es beau/belle », etc.

### Pratiquez une activité qui répond à vos besoins essentiels

Que ce soit la méditation, le chant, un sport, la peinture, la céramique, le coloriage, la couture, le tricot, la rénovation de meubles anciens, le jardinage, la randonnée, etc., trouvez une activité qui, à la fois, vous permette de vous « déconnecter » des tracas quotidiens et de vous consacrer à vous-même.

Nous naissons tous avec des potentiels, un penchant pour une discipline pour laquelle nous disposons d'un talent particulier. Beaucoup d'entre nous savent naturellement ce qui les attire mais ne s'accordent pas le temps de cultiver leur potentiel et de laisser s'exprimer le talent de leur enfant intérieur. D'autres l'ignorent. Si vous êtes dans ce cas-là, je vous invite à vous remémorer une activité qui, dans votre enfance, vous rendait vraiment heureux et créer une occasion qui vous permettra de la pratiquer. Voyez l'effet que cela vous procure, sans pression.

Il n'est pas nécessaire d'y consacrer un temps infini mais simplement celui dont vous avez besoin pour vous sentir bien.

### Travaillez votre optimisme

L'optimisme se travaille tous les jours pour éviter de blesser constamment son enfant intérieur. L'idée est d'accepter les expériences de la vie avec votre maturité d'adulte tout en gardant l'innocence de l'enfant. Mettez en pratique la méthode Coué ou méthode de maîtrise de soi, dans sa vie de tous les jours

L'idée est de se reprogrammer sur un mode plus « positif » et confiant, afin d'aborder les choses différemment.

Nous sommes tous sujets à des auto-autosuggestions quotidiennes (notre petite voix intérieure) souvent à connotation négative. L'idée du positivisme est de prendre conscience de ces automatismes inconscients et de se programmer autrement, en remplaçant les autosuggestions négatives par des autosuggestions positives.

Toutefois ne soyez pas trop dur avec vous-même, l'apprentissage peut être long, mais si bienfaiteur.

### Faites-vous aider

Tout apprentissage dans la vie se consolide avec un bon professeur.

Offrez-vous les conseils personnalisés d'un parapsychologue, d'un hypnothérapeute, d'un sophrologue, d'un kinésiologue, d'un acupuncteur, etc., selon la discipline qui résonne le plus en vous. Il saura vous guider sereinement sur le chemin de la compréhension de vous et du progrès.

THÈME 4

# FAIRE FACE À SES PROPRES DEUILS

Dans la vie, nous devons tous faire le deuil de plein de choses, tout le temps. Presque chaque jour, nous disons adieu à autre chose. La vie est faite, d'un perpétuel mouvement. Mon travail s'adresse, pour beaucoup, aux personnes qui traversent des deuils personnels et émotionnels (rupture amoureuse, revers professionnels, problèmes de santé, etc.) et qui vivent dans la colère, l'injustice, la dépendance, la frustration ou encore le chagrin. Si chaque situation sera vécue par chacune d'elle de manière unique, selon ses filtres émotionnels, ses expériences antérieures, ces personnes sont nombreuses à éprouver le besoin de me consulter, pour trouver du sens à ce qui leur arrive, pour connaître leur avenir en entrant en contact avec leurs guides. Il est rare que je sois consultée lorsque tout va bien.

De mon point de vue, le deuil consiste essentiellement à se libérer de ses propres auto-sabotages, nés d'une mésestime de soi. La colère, destructrice, fait perdre le sens de la vie. Elle est l'expression même d'un état émotionnel grave qui s'accompagne dans la plupart des cas d'une dépression plus ou moins ancrée, qui ne permet pas d'avancer. Le deuil, s'il n'est pas traité, est vécu comme un emprisonnement à l'air libre. L'accompagnement de personnes endeuillées est le cœur de mon métier.

J'effectue un travail de fond pour panser ces plaies afin de libérer de l'espace dans l'inconscient et de permettre à mes clients aborder l'existence et l'avenir de manière plus sereine, en adéquation avec qui ils sont.

Toutefois, il faut avoir conscience que ce travail peut être très difficile à mettre en œuvre. Il suppose un tas de petites morts inconscientes, de renoncement à des idées préconçues qui font partie du processus « normal » de prise de conscience. Il suppose également de réaliser que notre manière de penser et de gérer nos émotions n'est pas juste. Cette transition est délicate mais nécessaire pour trouver l'harmonie au-delà de ses propres conditionnements et de son éducation. Elle est comparable à un enfantement, une renaissance dans la douleur qui conduit à une libération, gage de paix et de sérénité.

Je constate que **c'est bien souvent la peur de l'inconnu qui nous bloque**, qui nous empêche d'accéder à la libération. Nous sommes nombreux à « préférer » nous maintenir dans une situation calamiteuse par peur du changement, par peur d'affronter son angoisse les yeux dans les yeux.

J'ai moi-même été confrontée personnellement à cette réalité. En effet, toute mon enfance et toute ma jeunesse**,** j'adorais nager. Dès que l'occasion se présentait, je me jetais à l'eau les yeux fermés jusqu'au jour où j'ai failli me noyer dans l'océan atlantique. Dès lors, a germé en moi une peur panique de l'eau. Je me suis interdit pendant des années de faire l'une des choses que j'aimais le plus au monde. Je pouvais me tenir sur une plage, mais j'étais incapable de mettre ne serait-ce qu'un orteil dans l'eau. Cette peur inconsciente m'empêchait de vivre, jusqu'au jour où mon compagnon, déterminé, m'a fait plonger d'une petite falaise directement dans la Méditerranée. Sur l'instant, j'ai cru que mon cœur allait sortir de ma poitrine. Submergée par les flots, j'ai regagné la surface transformée. Il fallait que je me rende compte que ce n'était rien du tout. Il a simplement fallu que je trouve le courage de sauter le pas. Mon compagnon m'attendait sur la plage, muni d'un masque et d'un tuba. Nous avons passé le reste de la journée et même de nos vacances à explorer les fonds marins. Je suis aujourd'hui très fière d'avoir dépassé cette angoisse et d'avoir fait le deuil de ce conditionnement de peur.

C'est un peu comme lorsque vous souffrez d'une dent cariée. Vous savez que, tôt ou tard, vous serez obligés de vous rendre chez le dentiste pour qu'il l'arrache. Vous aurez mal, mais vous savez que cette souffrance vous amènera à vous libérer de cette douleur. Parfois le corps a besoin de fièvre, d'un gros stress, pour guérir.

Mon travail consiste, pour une large part, à aider les personnes, en grande difficulté émotionnelle, à progresser, à retrouver leur confiance en eux, leur force de vie et leur chemin. Je peux favoriser leur ouverture aux signes que l'« univers » leur envoie. Je peux favoriser la transition d'une phase du deuil à une autre. J'apporte des clefs de compréhension pour que les « endeuillés » retrouvent une certaine sérénité.

## Comment ?

Dès l'instant où je rencontre quelqu'un, je ressens ses blocages liés à de vieilles mémoires. Grâce à l'aide des guides, j'obtiens des précisions factuelles qui m'aident à comprendre la source des blocages ; des informations que je transmets oralement à mes clients afin qu'ils en prennent conscience. Ensuite j'effectue un soin énergétique. Mon énergie va appuyer sur la blessure à libérer. En rééquilibrant les corps subtils de mes clients (THEME 5) j'ouvre, en quelque sorte, une porte. Ainsi, je peux les aider à libérer leur propre mental pour qu'ils puissent percevoir l'existence sous un autre angle, plus léger et plus libre, pour qu'ils retrouvent leur essence de vie. Souvent, une simple discussion alliée à un travail de rééquilibrage énergétique suffit.

« *Comment puis-je vous aider ?* » Il n'est pas rare que je démarre une séance par cette phrase même si, généralement, je connais déjà la réponse à cette question. Je la pose tout de même afin que mes clients formulent, avec leurs propres mots, la raison de leur visite.

Parfois, j'entre directement dans le vif du sujet lorsque je perçois de manière évidente le tumulte intérieur qui agite mes consultants. De manière générale, je sais pourquoi les gens sont en face de moi. Lorsque ceux-ci viennent dans mon cabinet pour la première fois, je constate souvent qu'ils essaient par tous les moyens de fuir mon regard, de peur que je lise en eux. Pourtant, je leur donne simplement les informations qu'ils ont au fond d'eux et qu'ils sont en droit de connaître.

## Mon cabinet

Je souris à chaque fois que mes clients me font part de l'étonnement que leur suscite mon espace de travail. Il est très, très éloigné du cliché de la diseuse de bonne aventure et de ses grandes boucles d'oreille qui vous reçoit dans un environnement obscur, mêlant pénombre inquiétante et fumerolles d'encens.

Cette image d'Épinal ne me représente pas du tout. Mon cabinet, aux murs jaunes, est lumineux et chaleureux. Sur mon bureau et sur une étagère, j'ai disposé toutes sortes de petites statuettes représentant aussi bien une Vierge à l'enfant, un Bouddha, que des petits anges. Je souhaite par-dessus tout préserver les croyances des gens qui viennent me voir, quelles qu'elles soient. Le travail que j'entreprends avec chacun d'eux relève de la confiance réciproque, de l'intime le plus absolu. Il est fondamental pour moi que chaque individu se sente suffisamment à l'aise pour ne craindre aucun jugement. Il n'est pas rare d'ailleurs que j'entende les gens me dire « *je me sens bien chez vous* ».

J'ai beaucoup travaillé l'énergie de cette pièce, pour mes consultants et pour moi-même. Il s'agit non seulement de mon environnement de travail mais également de l'endroit où je me détends, me ressource. Régulièrement, je m'isole dans mon cabinet afin de pouvoir tranquillement méditer, me connecter à l'énergie universelle qui n'est que paix, amour et harmonie. Je me concentre, médite et me nourris de ces énergies bienfaisantes, dont les effluves irradient la pièce.

## Les guides

Ce sont les guides de mes clients qui me donnent des informations qui me serviront à les aider à progresser dans le deuil qu'ils sont en train de vivre.

Chaque individu « possède » un ou plusieurs de ces protecteurs, souvent des proches disparus (êtres humains ou animaux). Il n'est pas rare d'ailleurs que l'« identité » et le nombre de ces « anges-gardiens » évoluent au cours de la vie des consultants. Les guides sont des âmes qui ont atteint un niveau de conscience supérieure. Elles sont connectées avec le « Tout », elles jouissent d'une conscience universelle, celle « *qui sait tout* ». Les guides sont la partie divine de nous-même. Ils sont rattachés à notre être essentiel. Lorsque j'entre en contact avec eux, au fond, je communique avec la conscience la plus évoluée des vivants qui se trouvent en face de moi. Les interventions des guides s'articulent autour de deux points : aider leurs proches à avancer sur leurs chemins de vie (mise en avant de leur potentiel, de leur créativité, des possibilités que leur offre leur existence) et leur insuffler l'énergie nécessaire pour qu'ils comprennent la ou les leçons de vie inhérentes à leurs questionnements actuels, qu'ils puissent traverser les deuils de la vie le plus sereinement possible.

À moi de restituer leurs « propos ». Ainsi, je me dois d'être, on ne peut plus claire, malgré le flot d'informations qui me parvient et la vague de sensations émotionnelles que je ressens en moi. Je suis dans le fluide de l'esprit. Mon mental est absent, sinon je ne serai pas juste. D'autre part, il me revient la délicate tâche d'évoquer, avec les consultants, les moments les plus pénibles qu'ils ont eus à traverser dans leur vie.

Bien que toute personne vive le deuil à sa manière et selon son propre rythme, il est universellement admis qu'il est constitué de cinq phases distinctes : le déni, la colère, la négociation, la dépression et enfin l'acceptation, mises en évidence en 1969 par le professeur Elizabeth Kübler-Ross, éminente spécialiste de l'accompagnement en fin de vie. Ces étapes, incontournables, concernent aussi bien la mort d'un être cher (THÈME 8), qu'une rupture amoureuse, un changement de situation médicale, sociale ou familiale ou encore un licenciement.

Toute personne qui souhaite surmonter un deuil, quel qu'il soit, doit comprendre que son travail consistera à lâcher prise, à se reconnecter à l'instant présent au lieu d'alimenter sa douleur. Certains consultants restent désespérément prisonniers de l'une des premières phases : le déni, la colère et la culpabilité. Malheureusement, il ne suffit pas d'appuyer sur un bouton magique ou d'actionner un levier miraculeux pour éprouver la volonté de remonter la pente.

Il appartient à chacun de puiser en lui le désir de « reprendre vie » en retrouvant la voie de l'apaisement.

### Ma perception au moment du contact

Je ne vois pas les guides avec mes yeux et ne les entends pas avec mes oreilles. Je communique avec des consciences qui me transmettent des informations importantes qui doivent permettre au consultant de se libérer.

Il est très difficile pour moi d'expliquer avec une entière justesse la manière dont ce phénomène se produit. Je ressens une vibration, aperçois une lumière. Je me représente, assise sur un banc, en compagnie de l'être essentiel de la personne qui se trouve en face de moi. **Nous communiquons sans verbe ni mental, en équilibre**

**d'âme et de cœur, dans la justesse.** Le guide qui s'exprime, me fournit les éléments essentiels que je dois connaître pour comprendre la situation et permettre à son « protégé » de se libérer du chagrin, de la dépendance ou de la culpabilité causés par le deuil personnel et émotionnel qu'il est en train de vivre et qu'il s'efforce de traverser.

Je m'adapte à la personnalité et aux besoins de chacun. Je reconnais les gens au mental suffisamment fort pour accepter les messages formulés, parfois de manière un peu « brutale », et ceux qui ne sont pas prêts à tout entendre. De la même manière, je sais quand quelqu'un se ment à lui-même ou ce qu'il tente de passer sous silence. Cela me chagrine toujours, car ces personnes sont si éloignées de la justesse. Leurs autos sabotages prennent le dessus sur les besoins de leur Être.

Je ne dis à personne ce qu'il doit faire ; **chacun reste maître de sa vie**. Je fais simplement part à mes consultants des possibilités qui s'offrent à eux. Par des mots simples, j'essaie de leur montrer une autre voie. Je tente de provoquer des déclics pour que les gens puissent comprendre quel levier intérieur actionner pour qu'ils puissent se sentir mieux et ainsi surmonter leur deuil. Une discussion est souvent suffisante. La parole a, à mon sens, un pouvoir libérateur exceptionnel.

## Le processus des petites morts inconscientes

**Le deuil est un processus à la fois très personnel et incroyablement universel.** Je ne peux que m'en rendre compte jour après jour, consultation après consultation.

Quelle que soit la situation personnelle qui les provoque, les petites morts inconscientes causent d'importants bouleversements chez la personne qui les vit. Elles supposent non seulement une prise de conscience, plus ou moins violente selon la nature du deuil à surmonter et l'affect engagé de la personne, mais aussi du courage pour se confronter à soi, à ses émotions et mener à bien ces processus.

Pour en venir à bout, je préviens toujours mes clients qu'il faut qu'ils aient conscience que des étapes difficiles égraineront leur chemin. **Aucun véritable travail de deuil ne peut se faire sans douleur**. Cela peut paraître effrayant, difficile à envisager en période de grandes difficultés et pourtant, il est impossible d'y échapper. Il faut en passer par là pour se libérer de schémas toxiques, de fausses croyances et retrouver une certaine légèreté de l'âme.

J'ai, pour ma part, pu constater en trois décennies de pratique que celui qui vit un deuil (d'une relation, d'un statut social, d'une aisance économique, d'un état d'esprit, etc.) traversera *a minima* trois phases incontournables : le choc, la dépression puis l'adaptation.

En effet, dans les tous premiers moments du changement, la nouvelle situation provoque un état de « sidération ». La personne, accablée, est hébétée : « *C'est impossible* ! » Puis, elle traverse une phase de déni absolu « *Je refuse d'y croire !* ». Une réaction inconsciente mais tout à fait normale qui a pour unique but de se protéger contre un impact trop massif. Cette étape permet de digérer l'information « en douceur ». Elle ne dure pas.

Ensuite, lorsque le choc disparaît, la douleur le remplace. Pour moi, le vrai travail de deuil ne commence que lorsque le chagrin, la révolte ou la colère et les pleurs commencent. « L'endeuillé » entre alors dans une phase d'acceptation de la réalité, aussi difficile qu'exigeante.

C'est souvent, à ce stade d'évolution, que mes clients viennent me voir, alors qu'un état dépressif réactionnel s'installe ou est déjà installé. Ils viennent pour obtenir des informations sur ce que l'avenir leur réserve. J'identifie alors immédiatement les signes physiques habituels de la dépression. Je ressens une perte de leurs repères essentiels, une absence totale de plaisir et d'intérêt, une fatigue intense, des troubles intellectuels et affectifs, une humeur infiniment triste, une sensibilité accrue à tout détail et souvenir évocateurs du passé regretté, un sentiment de ne plus avoir aucune confiance en l'avenir. Il n'est pas rare non plus que je ressente des crises de larmes prêtes à se déclencher. Il arrive, lorsque la douleur est trop ancrée, qu'une discussion sur la racine du mal ne soit pas la meilleure des stratégies. Parfois, je préfère ne rien dire de concret mais prononcer simplement des paroles apaisantes et enveloppantes, pour ne pas faire revivre son chagrin à mon client. Je n'ai pas besoin qu'il m'en parle s'il ne s'en sent pas capable. Cela ne m'empêche pas de pouvoir agir énergétiquement. Les guides me fournissent suffisamment d'explications pour donner un sens à ce que je ressens de la personne en évitant d'accentuer son mal-être.

Vous pouvez facilement imaginer à quel point je me dois d'être délicate tout en faisant passer les messages de leurs guides. En tant que « protecteurs » ils ont à cœur d'aider autant que possible leurs protégés à retrouver la voie de l'apaisement.

**La dernière étape consiste en une période de détachement et de reconstruction**. La guérison s'annonce, l'endeuillé réinvestit son énergie dans de nouveaux projets et reformule un sens à sa vie.

Accordez-vous le temps de guérir. C'est essentiel. Il est inutile de vouloir aller trop vite. En voulant forcer les choses pour vous débarrasser au plus vite de ces sensations négatives, vous risquez de rallonger la durée du processus. Peu à peu, vous éprouverez moins de douleur. Il n'existe pas de recette miracle pour diminuer l'intensité et la durée du malaise, de la tristesse. **La seule façon de réussir au mieux son travail de deuil est de vivre pleinement la souffrance et les différentes émotions qui s'y rattachent puis de les lâcher, de les rendre à l'univers.**

Je vous propose à présent un tour d'horizon des deuils personnels les plus fréquents que je travaille avec mes clients, des problématiques que chacun d'entre nous est amené à traverser dans sa vie.

## Le deuil des émotions négatives d'habitude et de croyances dépassées

Les petites morts inconscientes concernent, pour une large part, des émotions négatives qui font partie de nos vies depuis des années. Elles sont généralement le fruit d'un conditionnement, imposé par l'éducation, la « société » ou par soi-même, en réponse à une blessure d'enfance (rejet, abandon, trahison, humiliation ou injustice). Cet état d'être, adopté en réponse à des circonstances, se doit d'être brisé, lorsqu'il est destructeur. En effet, il fait souffrir, car il va à l'encontre des besoins et des aspirations de notre être profond.

Puisque ce processus est inconscient, bien souvent, mes consultants n'ont aucune idée de son existence. Ils me parlent de mal-être, de malaise intérieur, de blocages dont ils ne parviennent pas à identifier la cause mais qui les handicapent dans leur vie quotidienne.

Pour illustrer ce propos, je vais vous présenter l'expérience vécue par Rachel.

*Il y a quelques mois, cette quinquagénaire a décidé après une longue réflexion de s'accorder le droit de réaliser un de ses rêves de jeune fille : prendre des cours de chant. Si les notes sortaient facilement lorsqu'elle chantait seule, sous sa douche, en face de sa professeure, elle était totalement bloquée au niveau du larynx. Ce qui devait être un moment de plaisir pour elle, s'est transformé en cauchemar. Sa professeure lui a alors conseillé, à raison, de travailler son féminin sacré et son rapport à sa mère. En rentrant chez elle, après sa première leçon, elle se sentait extrêmement mal. Elle s'interrogeait sur son incapacité à chanter, sans trouver de cause évidente. Elle se remémorait le travail qu'elle avait déjà fait sur son rapport à sa mère des années plus tôt, lorsque sa propre fille luttait contre une leucémie infantile. Elle avait déjà beaucoup travaillé à se différencier de sa mère. Face à cette épreuve, elle s'était rendu compte que son mariage battait de l'aile et que son activité professionnelle ne lui convenait plus. Elle avait alors choisi de divorcer contre l'avis de ses parents catholiques traditionnels et de quitter un emploi très rémunérateur pour se consacrer à l'étude de la médecine chinoise qu'elle avait découverte en faisant des recherches sur des traitements alternatifs pour soigner son enfant. Ainsi, elle ne comprenait pas ce qu'elle avait encore à régler et pourtant…*

*Alors qu'elle s'apprêtait à abandonner son rêve de chanteuse amateure, elle est venue me voir en consultation. Dès qu'elle eut passé le pas de la porte, ses guides m'ont immédiatement éclairé sur l'origine de son blocage. Rachel a été éduquée par une mère, perfectionniste, au caractère fort, qui voulait à tout prix que ses enfants réussissent, mais uniquement dans des domaines très terre-à-terre. Ainsi, elle a élevé Rachel avec une rigidité de perfectionniste. Par son attitude, elle a gravé dans son inconscient l'idée qu'il est inutile de s'acharner à faire quelque chose, si on n'est pas capable de le faire à la perfection. Depuis, Rachel a vécu dans l'angoisse maladive de faire des erreurs. Elle s'est toujours interdit de « tomber ».*

*Il fallait donc que je l'aide à faire le deuil de ces émotions toxiques. Pour cela, je suis partie à la rencontre de son enfant intérieur. J'ai découvert une toute petite fille, d'environ cinq ans, incapable de bouger car terrorisée par les réactions de sa mère. Sa fillette intérieure m'a expliqué qu'un jour elle a trouvé un pendule dans les affaires de son oncle. Attirée par cet objet étrange, elle s'est amusée avec, jusqu'à ce que sa mère la découvre. Elle lui a arraché le pendule des mains en lui interdisant d'y toucher à l'avenir. Elle a, par ce geste, fermé la porte de ses capacités intuitives. J'ai exposé cette information à Rachel qui fut surprise. Effectivement, elle se souvenait de cet après-midi-là, même si elle n'y avait plus pensé depuis. En discutant avec elle de toutes les informations divulguées par ses guides, Rachel a pris conscience de l'origine de son blocage. En évoquant cet épisode et en réfléchissant à l'impact qu'il avait eu sur elle ; tout en parlant, elle s'est mise à pleurer. En lâchant ses larmes, elle s'est donné le droit de s'ouvrir. Notre discussion lui a permis de rectifier ce qu'elle avait, à l'époque, mal enregistré du fait de son très jeune âge. J'ai effectué un rééquilibrage énergétique de son chakra de la gorge puis je suis retournée voir son enfant intérieur. Je sentais la joie de l'enfant qui a retrouvé son innocence pure et la possibilité de développer l'un de ses potentiels. Quinze jours plus tard, après avoir digéré cette prise de conscience, Rachel recontactait sa professeure de chant, prête à se faire du bien. Il a fallu qu'elle traverse toutes ces étapes pour se donner le droit d'être elle-même, en dépit des attentes perfectionnistes de sa mère.*

Je suis amenée à faire ce type de travail quotidiennement. La majorité de mes clients vivent des deuils d'émotions négatives, d'habitudes et de croyances erronées à surmonter. Je crois même qu'aucun être humain sur cette Terre n'y échappe à un moment ou un autre de sa vie.

Mon rôle est de permettre à mes clients de retrouver leur boussole intérieure pour qu'ils puissent trouver en eux l'énergie et la force de poser des actions pour eux, pour l'épanouissement de leur être profond.

## Le deuil de l'enfance

Grandir en acceptant que notre enfance est derrière nous est un changement que nous sommes tous, autant que nous sommes, amenés à traverser. Certains y sont confrontés plus tôt que d'autres, par volonté ou en raison d'événements propres à leur chemin de vie, d'autres prendront tout leur temps pour y arriver. Il n'y a pas de règle, sinon que cette prise de conscience est inexorable.

Souvent, lorsqu'on est enfant, on veut grandir vite, devenir adulte le plus rapidement possible, notamment pour devenir autonome et indépendant ou pour se libérer de l'emprise de parents trop rigides ou envahissants. Et pourtant, une fois grand, nous regrettons le bon temps où la responsabilité était un mot absent de notre vocabulaire, un terme dont nous ne saisissions pas le sens.

En devenant adultes, nous devenons maîtres de nos vies, responsables de nos actes et de nos choix. Ce qui, sur le papier, semble un idéal auquel tout le monde devrait aspirer est rarement facile à atteindre. Nous rencontrons presque tous des obstacles et des difficultés au sortir de l'enfance. En tant que parent également, il n'est pas rare que nous devions faire face aux tourments de jeunes adultes, « éternels » adolescents qui doivent expérimenter la vie et son organisation en société pour apprendre à la domestiquer.

Je pense à l'histoire de Marlène.

*J'ai fait sa connaissance lors d'une consultation entièrement consacrée aux problèmes de sa fille, adulte, qu'elle avait élevée seule. Très inquiète, elle m'expliqua qu'il y a quelques mois, cette dernière venait, bêtement, de perdre sa place d'intérimaire, alors qu'elle allait être embauchée dans l'entreprise de ses rêves. En effet, alors que la famille venait de perdre l'un de ses proches membres, sa fille n'a pas pris la peine de prévenir son chef de son absence le jour des funérailles. Marlène était très fâchée après sa fille et lui reprochait d'avoir oublié tous les principes de politesse et de savoir-vivre qu'elle s'était efforcée de lui inculquer. « Elle a vingt-sept ans, ce n'est pourtant plus une enfant » me disait-elle. « Je sais qu'elle attendait que j'appelle son responsable à sa place, comme je prévenais autrefois l'école de son absence lorsqu'elle était malade ». « Je lui ai pourtant dit que je ne le ferais pas, qu'elle était assez grande pour régler ce genre de situation seule. Ce n'était que l'affaire d'un coup de fil. Elle a préféré ne rien faire. Bien entendu, son chef était furieux. À l'issue de sa mission qui se déroulait au mieux, elle n'a pas été reconduite. Son chef lui a promis qu'il s'assurerait qu'elle ne puisse plus obtenir la moindre mission d'intérim dans l'entreprise ». Marlène était inquiète car depuis sa fille s'apitoyait sur son sort, passait ses journées à ne rien faire, enfermée dans son monde, prisonnière de sa colère qu'elle exprimait contre son ancien chef. Elle rejetait entièrement la responsabilité de ses malheurs sur lui et rejetait Marlène dès qu'elle n'allait pas dans son sens. J'avais en face de moi une maman terrifiée par ce comportement et angoissée pour l'avenir de sa fille prise dans un tourbillon d'autodestruction qu'elle ne comprenait pas. Les guides de Marlène m'informèrent qu'après une période difficile la situation s'éclaircirait et que sa fille finirait par reprendre confiance et même retrouver le poste qu'elle avait perdu, d'ici deux ans. Malheureusement avant d'y arriver, sa fille commettrait une bêtise bien plus grave qui devrait provoquer en elle un sursaut. Ses guides m'ont demandé de faire comprendre à Marlène que pour que cette crise à venir se passe le plus en douceur possible, elle devrait s'efforcer de ne pas juger sa fille, de ne pas lui fermer la porte mais au contraire de l'ouvrir en grand lorsqu'elle en aurait le plus besoin. Quelques années après, lors d'un rendez-vous, Marlène m'a informé que sa fille avait retrouvé confiance, sa force de vie et qu'elle avait signé le CDI qu'elle aurait dû avoir deux ans auparavant.*

Il est essentiel pour grandir et assumer pleinement la responsabilité de ses actes et de ses choix, de sortir du schéma bourreau-victime qui n'est rien d'autre qu'une prison intérieure.

## Le deuil d'un corps en bonne santé

La perte de ses fonctions physiques cause d'importants bouleversements : la personne concernée doit apprendre à vivre en « supportant » l'idée que son corps ne sera plus jamais le même.

Comme nous l'avons vu plus haut, la nouvelle du deuil provoque tout d'abord un état de « sidération » : la personne accablée reste un moment hébétée par le diagnostic. Puis, elle traverse une phase de déni, un refus catégorique d'y croire. Lorsque le handicap s'installe dans la durée, surgit la colère puis la dépression.

À cette étape, deux choix de vie se présentent :

— saisir le bâton pour se faire battre et ainsi ruminer sa détresse

— actionner sa propre baguette magique intérieure et emprunter le chemin de l'acceptation.

Afin de mettre une image concrète sur ce phénomène, je vais vous parler de ma propre expérience. J'ai traversé personnellement toutes les phases du deuil d'un corps en parfaite santé. En effet, à l'âge de vingt ans, j'ai commencé à constater que ma vue déclinait subtilement. Après avoir vécu dans le déni pendant près de deux ans, je suis finalement allée consulter un ophtalmologue. Ce dernier, après m'avoir fait subir différents examens, a diagnostiqué une maladie oculaire dégénérative et irréversible. Le ciel m'est alors tombé sur la tête. Dans un premier temps, je me disais que c'était impossible. Il devait y avoir une erreur. Ensuite, j'ai commencé à sentir la peur et la colère monter en moi. La peur d'abord. Je ne cessais de me répéter que je n'arriverais jamais à m'en sortir dans la vie si je ne voyais plus rien du tout. J'avais peur de perdre mon autonomie, mes relations sociales. Comment allais-je me débrouiller avec mes enfants ? À quoi ressemblerait mon avenir professionnel ? Quelle serait encore ma valeur ? Lorsqu'on souffre d'un handicap physique, nous nous sentons souvent mal-aimés. Avec la peur, se sont inscrites en moi une colère, teintée d'injustice puis une dépression. « *Pourquoi moi ? Qu'ai-je fais pour mériter ça ?* » Je suis restée bloquée plusieurs années dans cette phase. D'autant que des situations très terre-à-terre me rappelaient mon « incapacité visuelle » comme, par exemple, le jour où j'ai souhaité prendre des leçons de conduite. Je me rendais bien compte que la qualité de ma vue n'était pas suffisante et pourtant, portée par ma colère, je me suis acharnée à combattre l'évidence. J'ai tenté par deux fois de passer l'examen, sans succès jusqu'au jour où j'ai compris que je devais me raisonner et accepter ma situation. Effectivement, je ne pourrais jamais conduire, ni devenir pilote d'avion mais après tout, est-ce que cela allait m'empêcher de vivre ? J'ai décidé que non, en aucun cas ! Il fallait simplement que je m'adapte, que je fasse avec. Sept ans après le diagnostic, j'ai finalement pleinement accepté ma probable future cécité. Ce qui a été fabuleux avec ce travail d'acceptation, c'est que depuis, ma maladie s'est tout simplement stabilisée. Elle n'évolue plus, ni en bien ni en mal. Je suis très chanceuse, et tout de même réaliste. Cela dit, il arrive parfois que des situations de la vie courante me rappellent que le souvenir de cette peur vit toujours en moi. Pas plus tard qu'il y a quelques jours, j'ai croisé dans la rue une dame âgée et aveugle qui tirait un chariot de courses. Ma petite voix intérieure, l'ange et le démon que nous avons tous, m'a dit : « dans dix ans, c'est toi ». C'était ma peur qui me parlait. Simplement, je me suis efforcée de lâcher prise et de faire confiance à la vie. Ce que je tiens à vous faire comprendre, c'est qu'à chaque seconde de votre existence, vous avez le choix d'être, ou non, maître de votre vie et de la manière dont vous la vivez.

## Le deuil d'une relation amoureuse

Faire le deuil d'une relation amoureuse est un processus que nous sommes nombreux à devoir surmonter, surtout lorsque la séparation est subie.

Après une rupture, il est très fréquent que nous soyons désespérés, obsédés par l'image de l'ex-compagnon. Dans de très nombreux cas, il peut se passer des mois, des années et parfois une vie entière avant que la personne éconduite ne parvienne à « *passer à autre chose* ». Ainsi, elle reste bloquée dans le passé, dans le déni, la colère ou l'abattement, comme si le présent ne pouvait exister sans l'autre, comme s'il n'était même plus question d'envisager l'avenir.

Cette phase est « *normale* » si l'obsession finit par s'effacer progressivement. Toutefois, chez certaines personnes, l'obsession grandit et se manifeste par un effroyable désastre moral. Il peut se traduire par un comportement compulsif. Par exemple, se dépenser intensément intellectuellement ou physiquement, mais la compulsion peut également prendre une tournure malsaine (une rumination mentale excessive, l'abus d'alcool, de drogue ou de nourriture, des achats compulsifs ou encore l'addiction aux jeux d'argent).

Après une séparation, quel que soit le nombre de mois, d'années qu'a durée la relation amoureuse, il est impératif de faire son deuil pour vivre sa vie. Faire le deuil de sa relation et de son ex-partenaire, c'est accepter que le passé reste dans le passé, c'est ranger l'expérience sur les étagères de ses souvenirs. C'est se libérer de ses autos sabotages pour vivre sa vie dans l'amour et le respect de soi.

Dès lors, je ne peux m'empêcher de penser à l'aventure vécue par Guy et Édith.

*Guy est un homme qui a découvert, à la cinquantaine, qu'il aimait un autre homme. « Je suis tombé amoureux d'une personne. Il s'avère que c'est un homme ». Marié à Édith et père de trois enfants jeunes adultes, il ne comprenait pas ce qui était en train de lui arriver. À cette époque, il venait régulièrement me consulter, cherchant le courage de suivre ses sentiments et d'accepter le jugement de ses enfants, de sa femme, de sa famille et de tout son entourage. « Que penseront-ils de moi ? Que diront les gens ? » Il était très conscient du tsunami que cette nouvelle risquait de causer dans leurs vies. Malgré cela, par amour, il s'est lancé. Comme il l'avait prévu, l'onde de choc fut retentissante. Sa femme était sidérée, ses enfants très vite dans la colère.*

*Quelques semaines plus tard, c'est Édith qui est entrée dans mon bureau. Sa petite fille intérieure était en pleurs, elle se sentait trahie. Toutefois, le responsable de la trahison originelle n'était pas Guy, mais son père à elle. Ensemble, nous avons compris comment une attitude déplacée de la part de son père avait conditionné la femme qu'elle allait devenir : masculine et contrôlante. Son masculin sacré n'était pas en harmonie avec son féminin divin, d'ailleurs elle souffrait de troubles d'ordre sexuel.*

*De son enfance, elle gardait une grande colère vis-à-vis des hommes. Elle reconnaissait ne pas avoir été tendre avec Guy qui ne le méritait pas. Elle a pris conscience de ses erreurs puis a amorcé un travail de pardon envers son père, envers Guy et envers elle-même. Depuis, elle a rencontré un homme et aujourd'hui, malgré les qu'en-dira-t-on, elle a transformé sa relation avec Guy en une amitié profonde. Ensemble, ils ont su restaurer la cohésion familiale. Il n'est pas rare que, dans leur famille, tout le monde se retrouve autour de la même table dans la joie et la bonne humeur.*

## Le deuil du sentiment de culpabilité

Conscient ou inconscient, j'ai pu largement observer que le sentiment de culpabilité est présent dans tout travail de deuil, quel que soit l'objet de la perte.

Toutefois une précision s'impose : l'essentiel n'est pas la culpabilité réelle, inhérente à une faute effective. L'essentiel est le sentiment de culpabilité éprouvé par une personne, à tort ou à raison, à la suite d'une faute réelle ou imaginaire.

Comment entendre et accueillir le message qu'il porte et l'aider à se débarrasser de ses effets indésirables ? Comment dépasser, digérer ou résorber un sentiment de culpabilité ? C'est là l'une des grandes difficultés que je rencontre en séance.

Il n'y a pas besoin de le vaincre, ce n'est pas un ennemi.

Pour illustrer ces propos, j'ai envie de vous parler de l'histoire de Leila.

*Cette très belle jeune femme est venue me voir pour la première fois après avoir été quittée pour une autre femme par son second mari. Ce dernier lui reprochait de ne pas faire suffisamment bien la cuisine, le ménage, de ne pas être assez ceci, de ne pas être assez cela, etc. Des griefs sensiblement identiques à ceux de son premier époux. Ainsi, elle les a enregistrés dans son inconscient comme étant des vérités absolues.*

*J'ai découvert en face de moi une jeune femme qui n'avait plus aucune estime d'elle-même, qui ne se considérait tout simplement pas. Au plus mal, elle voulait comprendre pourquoi elle était incapable de les satisfaire. J'ai eu fort à faire pour aider Leila à comprendre ce qui se jouait réellement. Prisonnière de croyances ancestrales liées à la culture musulmane, elle vivait extrêmement mal le jugement de sa famille, de ses amis, de ses proches qui lui reprochaient de ne pas être assez conforme à ce qui est acceptable de la part d'une épouse. Effectivement, Leila est une jeune femme vive, intelligente, romantique et pleine d'originalité qui aspire sincèrement à connaître le grand amour. Il s'agit même d'un besoin essentiel pour son Être. Je suis allée voir son enfant intérieur, une fillette pétrie de peurs (celles de décevoir, de ne pas être comprise, de ne pas réussir à accomplir son devoir de femme, etc.), de non-dits et d'interdits liés à son conditionnement éducatif. J'ai appris grâce à ses guides, qu'elle avait perdu subitement son père à l'âge de dix-sept ans. Un homme dur qui entretenait une vision archaïque des femmes et de leur rôle. Depuis c'était sa mère, très traditionaliste, qui tenait les rênes de la maison et exerçait son influence et son idée du bien et du mal sur sa fille et ses fils. Ces derniers, vivent depuis le décès du patriarche dans une idéalisation du père dont ils reproduisent l'attitude et s'attribuent la mentalité. En tant qu'unique fille de la fratrie, sa mère reportait sur elle des obligations et responsabilités surréalistes.*

*Nous nous sommes vues régulièrement pendant plusieurs mois. Au départ, elle était vraiment au plus bas, c'était terrible. Son sentiment de culpabilité la rongeait de l'intérieur. À chaque séance, nous discutions longuement de sa relation avec ses parents, avec ses ex-maris, je la rééquilibrais énergétiquement, puis elle quittait mon bureau, plus apaisée. Mais dès qu'elle rentrait chez elle et se confrontait au regard de son milieu, très dur, tous ses corps se désaxaient. Elle recommençait à ruminer sur ses malheurs. Dans la foulée, les médecins lui ont diagnostiqué un cancer du sein. Cette annonce a été pour elle comme un déclic. Petit à petit, elle a décidé de s'accepter telle qu'elle est, dans toute son individualité et dans tout son universalisme. Elle aspire à vivre un vrai amour. Soit ! Elle n'a pas encore trouvé la perle rare, voilà tout ! Jusqu'à ce qu'elle croise sa route, elle devra travailler à se donner le droit d'être elle-même afin que le jour venu, son âme sœur la reconnaisse au premier coup d'œil. C'est désormais son leitmotiv. Plus sûre d'elle et de ses potentiels, elle a réussi à poser des limites avec cette famille trop oppressante pour elle. Leila commence à s'ouvrir à la vie et à rayonner. Toutefois, il lui reste encore à prendre conscience d'une réalité fondamentale : aimer est un risque. Tous les amoureux ont dû un jour en passer par là : se jeter à l'eau sans promesse mais avec la confiance des sentiments sincères. Leila est toujours, en partie, engluée dans un sentiment de culpabilité, il n'est pas évident de s'en défaire. Elle doit encore déchirer ce voile de transparence qu'elle a elle-même tissé pour ne plus souffrir. Je suis certaine qu'elle y parviendra tôt ou tard.*

## ABORDER « EN CONSCIENCE »
## LES DIFFÉRENTES PHASES D'UN DEUIL

### *ÉTAPE 1 PLEURER*

La fin d'une relation, d'une époque, d'une expérience rend triste, très triste. Il est donc normal d'exprimer cette tristesse. On ne peut pas balayer les émotions douloureuses et les mettre sous le tapis. Il faut les regarder en face, les prendre en compte et accepter qu'elles soient là, sans avoir à vous juger vous-même. Bien sûr, il y a des gens qui pleurent facilement et d'autres qui ne pleurent que très rarement. Mais pleurer, c'est extérioriser sa tristesse. Pleurer est une réaction physique qui témoigne d'une forme de lâcher prise.

Même si pleurer libère le corps de l'émotion, il est impératif de ne pas s'engluer dans cette attitude. Donnez-vous un temps pour pleurer. Une semaine, deux, mais méfiez-vous si cela dure plus longtemps. Si vos pleurs s'éternisent, n'hésitez pas à aller voir un professionnel, médecin ou psychologue.

### *ÉTAPE 2 PARLER À QUELQU'UN*

Il est parfois utile de parler de ce qui nous pèse à quelqu'un en qui on a confiance. Cela peut être un ami, un parent, un thérapeute, un médium. La parole permet d'externaliser une souffrance et de désencombrer son espace psychique. L'hypnose, par exemple, peut être une bonne thérapie. Elle offre la possibilité d'exprimer ses émotions, son mal-être à l'ancien partenaire, par exemple, sans être physiquement en contact avec lui.

### *ÉTAPE 3 LAISSER S'EXPRIMER LA COLÈRE*

Étape incontournable de tout travail de deuil, le surgissement de la colère est inévitable. La conséquence de toute séparation est une blessure de l'ego. La colère permet de détourner cette blessure vers l'extérieur. Si elle n'est pas trop excessive (ruminations obsessionnelles inscrites dans la durée), elle est même très saine. Il n'est pas rare que de belles choses soient mises en place lors de grand moment de colère.

*ACCOMPAGNER UNE PERSONNE EN PHASE DE DEUIL PERSONNEL*

Il est difficile de voir un proche (enfant, parent, ami, etc.) englué dans un deuil personnel (digestion d'émotions négatives, rupture, changement de statut, changements corporels, etc.). L'amour qu'on lui porte nous pousse à vouloir le voir remonter la pente au plus vite, à vouloir le pousser à sortir la tête de l'eau, à vouloir le voir heureux à nouveau. C'est une réaction compréhensible mais pas nécessairement la plus juste. D'autant qu'il n'est pas rare que, en phase de colère par exemple, celle-ci se reporte sur nous.

Il n'existe pas réellement de recette miracle pour « supporter » (dans le sens de support, d'assistance). Toutefois, je ne saurais trop vous conseiller d'**éviter à tout prix le jugement**, même si avec votre regard, extérieur à la situation, vous ne comprenez pas pourquoi la personne est dans un tel état. Il ne faut pas fermer la porte de la communication et de la disponibilité mais au contraire l'ouvrir en grand. Il ne s'agit pas d'être dans le déni. Pas du tout. Il convient de laisser les gens avancer, sans les bousculer plus que de raison, sans faire les choses à leur place. Le risque est de vouloir en faire trop. Considérez-vous comme un garde-fou. Restez près de la personne, afin de la rattraper si jamais elle trébuche. Aider l'autre, ce n'est pas forcément répondre aux besoins qu'il a formulé dans son ego mais déceler ce qui est essentiel pour lui. Parfois, dire non, c'est faire un cadeau, pas pour nous mais pour l'autre. Laissez à votre proche l'opportunité de prendre ses responsabilités sans assistance ni injonctions poussives.

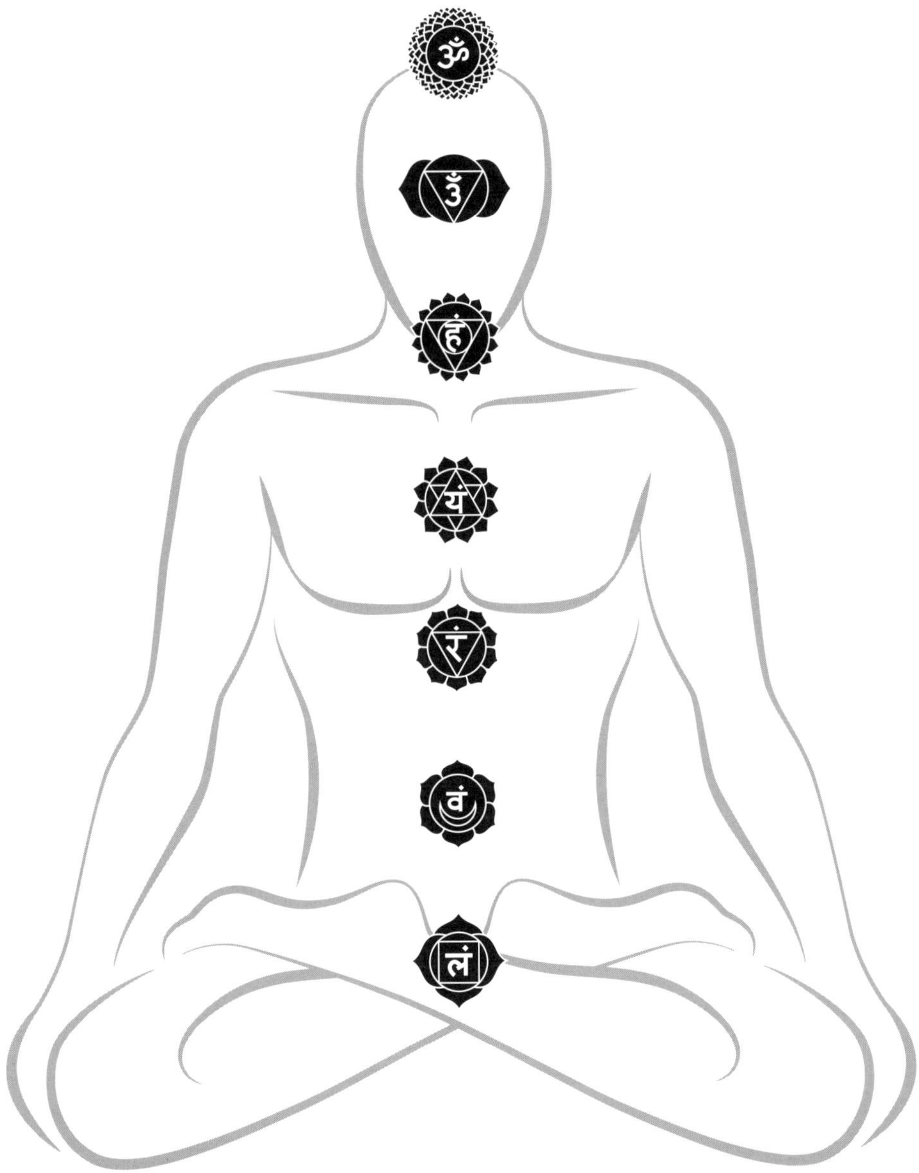
ॐ
ॐ
हं
यं
रं
वं
लं

## THÈME 5

# RÉÉQUILIBRER LES CORPS EN DÉSACCORD / MON TRAVAIL ÉNERGÉTIQUE

Lorsqu'une personne entre dans mon bureau, je ne la vois pas comme un « corps simple ». Loin de là. Je peux visualiser l'intérieur de son organisme, ses organes, ses muscles, ses cellules, etc. J'ai la capacité d'identifier les insuffisances de l'organisme, les endroits où il souffre. Je les localise avec précision car je sens, dans mon corps, là où mes clients souffrent. Je ne suis pas une guérisseuse du corps physique. Je le distingue, simplement, avec précision, chez tout individu. En revanche, ce potentiel va me permettre d'agir à différents plans de conscience. Ce don me permet essentiellement de comprendre quels déséquilibres émotionnels se sont cristallisés dans le corps physique.

Mais le corps physique n'est pas tout. Ma perception concerne huit corps subtils. Huit centres. Huit auras. Huit chakras. Ils se déclinent, du rouge au parme, selon un code de couleur bien précis. Mon travail énergétique consiste à rééquilibrer les corps subtils disharmonieux. Je peux atteindre chacun de ces huit centres et transmettre une énergie réparatrice.

Je sens la ou les couleurs dont mes clients ont besoin. Il n'est pas facile d'expliquer précisément comment j'opère énergétiquement, tant cette opération est simple pour moi. Il me suffit de visualiser mentalement une sorte de boule d'énergie colorée selon les circonstances que j'envoie mentalement en direction de mon client. Je sens passer l'énergie, physiquement, sur ma peau.

Je sais, en apercevant une lueur violette autour de mes clients, quand mon travail a été efficace. C'est ce que j'appelle la flamme de la transformation. L'énergie que je diffuse, est l'énergie de l'univers que nous portons toutes et tous en nous. Nous sommes tous faits d'atomes justement constitués d'énergie.

Les effets peuvent être instantanés ou prendre un peu de temps. Souvent je perçois d'importants changements d'état d'esprit, après un rééquilibrage, et cela sur le temps court d'une seule consultation. Parfois, l'évolution prend un peu plus de temps. Je fais en sorte que mes clients ressortent de chez moi rééquilibrés. « *Anita, je me sens bien quand je suis chez vous* » me précisent-ils souvent. À eux ensuite de décider de ce qu'ils souhaitent en faire : suivre leur besoin essentiel, celui d'être équilibré pour se sentir bien ; ou se laisser à nouveau envahir par un déséquilibre fonctionnel et, la plupart du temps, répétitif. Je ne peux que montrer aux gens un aperçu de la sensation d'équilibre des corps subtils. Ce mécanisme est en mouvement perpétuel. La combinaison idéale est difficile à maintenir. Toutefois, il existe des méthodes simples pour favoriser l'harmonie et l'alignement des corps subtils (cf. conseils pour un rééquilibrage de ses corps subtils).

Je ressens immédiatement si l'énergie que j'envoie a agi, si la personne se rééquilibre.

Je réorganise ce qui peut l'être immédiatement et enclenche un processus réparateur sur les nœuds qui demandent plus de temps pour se dénouer.

Mon objectif absolu est de ré-ancrer le corps causal, le corps subtil situé dans la plus haute vibration : notre intelligence la plus élaborée, dans l'« *Ici et le Maintenant* ».

Je suis un canal ouvert qui apporte de l'énergie pour que la personne que je traite s'ouvre et libère le rayonnement de ses corps subtils. Mon objectif : qu'elle s'accorde le droit de se soigner et de s'auto-guérir.

## Une palette de corps subtils

### ROUGE : le corps physique
### JE SUIS, JE SURVIS

Il est le chakra de la racine, celui qui renferme notre instinct de survie et notre volonté d'expérimentation.

Lorsqu'il rayonne de manière optimale la personne se sent rassurée, en sécurité et en paix avec le monde extérieur.

Lorsqu'il est déséquilibré il est le signe d'une expérience de doute, de peur et d'insécurité. La personne a le sentiment que le monde physique ne la soutient pas et ne la nourrit pas suffisamment.

### ORANGE : le corps émotionnel
### JE RESSENS

Il est le chakra lombaire, celui dans lequel s'inscrivent tous nos débordements émotionnels. Sa première motivation d'évolution est de ressentir du plaisir à travers les sensations, les émotions, la nourriture comme le sexe. Si son rayonnement est équilibré cela signifie que la personne, en contact avec son corps physique, est capable de cohabiter harmonieusement avec ses émotions, ses envies et ses plaisirs.

Si le corps émotionnel est déséquilibré, c'est le signe que le consultant éprouve des difficultés à lâcher-prise. Il ne s'autorise pas à se laisser aller à ressentir sensoriellement, émotionnellement et physiquement les plaisirs de la vie.

### JAUNE : le corps mental
### JE VEUX, JE RAYONNE

Il est lié au chakra du plexus solaire. Cette aura permet à chaque individu d'expérimenter le sentiment et l'esprit de liberté, mais aussi le pouvoir et le contrôle. Il est au cœur de notre fonctionnement puisque son rayonnement régit l'image que chaque personne a d'elle-même. Il est le siège de la Raison et de l'Intellect.

Un corps mental parfaitement équilibré est le signe d'une personne rayonnante qui a parfaitement trouvé sa place. Quelqu'un qui vit avec l'aisance d'être qui il est. Un individu conscient de sa capacité à créer par lui-même, par son propre pouvoir.

En revanche, un corps mental discordant est un signe évident d'un sentiment d'incapacité à contrôler sa vie. Il est le siège de nos vices les plus cachés : le jugement de soi, des autres, le manque, les culpabilités, les attentes et les colères.

### VERT : le corps astral
### J'AIME

Il est le chakra du Cœur. Il permet à l'être d'être en relation avec les autres. Il aime inconditionnellement et permet de ressentir l'amour des autres.

Épanoui, il témoigne de la capacité d'Acceptation (de soi, de l'autre, de ce qui est…) de l'individu. Décentré, il pousse la personne à croire qu'elle n'est ni aimée, ni aimable.

### BLEU : le corps éthérique
### JE COMMUNIQUE

Il est le chakra de la Gorge. Il permet l'expression de l'Être, la vie dans l'instant présent.

Bien ancré, il permet d'exprimer ses besoins et de recevoir tout en écoutant et en suivant son instinct et son intuition. Il est à l'origine de ce sentiment étrange d'être guidé par une force supérieure.

Désaxé, il suggère des difficultés à exprimer ses envies et ses émotions accompagnées du sentiment de ne rien mériter de la vie.

### INDIGO : le corps bouddhique
### JE VOIS

Le chakra du Front, le Troisième Œil. Il exprime le besoin de laisser se réaliser les volontés de son Être intérieur. Il invite à expérimenter sa vraie nature dans toute sa perfection.

Déployer son troisième œil, consiste à prendre conscience de sa nature spirituelle profonde et s'octroyer la capacité de voir les motivations au-delà des actions. Il permet de comprendre que nous faisons partie d'un « multivers ». Un système complexe qui fonctionne pour chacun d'une manière différente mais néanmoins ordonnée.

Étouffé, le corps bouddhique crée une certaine confusion concernant notre nature profonde. Il provoque le sentiment de ne pas être perçu pour ce que nous savons être.

### Parme : le corps causal
### JE SAIS, JE SUIS

Développé, le corps causal témoigne de l'ouverture spirituelle de l'individu, de sa conscience cosmique, de sa volonté d'expérimenter l'Unité Absolue. Il est le chakra coronal, la conscience la plus élevée, la plus élaborée de nous-même.

Notre corps causal est la conscience qui sait, la plus juste. Notre part divine.

Si ce chakra est optimal dans la conscience, il permet d'accéder à une forme de « conscience universelle », de compréhension du fonctionnement du monde et des rapports humains.

En revanche, si elle est déséquilibrée son énergie peut engendrer une incapacité à communiquer avec le monde extérieur, le sentiment que la vie n'a pas de sens.

Si nos différents corps subtils ne sont pas en accord, nous n'écoutons plus ce qui est juste.

C'est l'intensité du rayonnement de chaque couleur que je perçois, qui me permet d'apprécier à quel niveau je peux amorcer un travail énergétique d'équilibrage et d'harmonisation. De mon point de vue, je dirais qu'on m'amène la couleur, l'émotion et l'énergie dont les gens ont besoin.

J'ai développé cette capacité dès mon enfance. J'ai toujours été en mesure de distinguer des halos arc-en-ciel autour des personnes que je rencontrais. Lorsque j'étais fillette, je distinguais déjà les auras, mais je n'intervenais pas. Il a fallu que j'apprenne à comprendre, à canaliser et à redistribuer cette énergie de manière à rééquilibrer les corps en désaccord. J'ai fini par y arriver grâce à mes guides qui m'ont permis de comprendre les émotions et leurs mouvements.

*Lorsque j'ai fait la connaissance de Jérôme, il traversait une épreuve difficile. Son père, avec qui il entretenait des rapports médiocres, se trouvait à l'hôpital dans un état sérieux. Jérôme, inquiet mais très en colère, s'était convaincu qu'il n'irait pas lui rendre visite au risque de manquer sa dernière chance de lui parler. Au fond, ce choix n'était pas en résonance juste avec les besoins essentiels de Jérôme. Son grand-père, son guide, s'est présenté à moi en me détaillant d'une part l'origine du blocage : l'extrême pudeur émotionnelle dont il avait lui-même fait preuve avec son fils. Le père de Jérôme n'a fait que reproduire un vieux conditionnement. Un amour paternel réel mais basé sur des non-dits, et une absence pathologique de tendresse et de communication.*

*D'autre part, le grand-père m'a précisé de quel savant mélange d'énergies avait besoin son petit-fils pour retrouver un équilibre. Jérôme, au gré de sa relation conflictuelle avec son père, s'était endurci émotionnellement. Ses centres de rayonnement orange (le corps émotionnel), jaune (le corps mental) et vert (le corps astral) étaient presque éteints. Jérôme souffrait d'un manque d'amour inconditionnel comme celui que devraient, en théorie, témoigner tous les parents. Emprisonné dans son mental, il ne parvenait pas à libérer sa colère et, de fait, son chakra du Cœur n'était pas ouvert au Pardon. J'ai donc enveloppé, autant que je le pouvais, l'Être de Jérôme en lui envoyant la verte énergie du cœur.*

*Sur son lit d'hôpital, le père de Jérôme était déjà dans une forme de repentir mais avait trop honte de ses paroles ou de ses agissements. Au point de ne plus savoir comment parler à son fils.*

*En rééquilibrant ses centres désaxés, j'ai permis à Jérôme d'ouvrir son esprit à une autre manière d'envisager les choses. J'ai, en quelque sorte, apaisé son cœur pour qu'il puisse agir dans l'intérêt de son être essentiel. Après cette consultation, Jérôme s'est rendu à l'hôpital et a pu échanger avec son père. Bien entendu tout n'est pas réglé entre eux, mais le dialogue est rouvert. En amorçant ce travail, le grand-père a libéré Jérôme en même temps que toute la lignée. Un nœud générationnel s'est dénoué.*

Parfois, j'ai eu à traiter des cas particuliers, plus résistants.

*Ce fut notamment le cas avec un couple que j'ai rencontré lors d'une consultation à l'initiative de monsieur. Francis et Eve-Line suivaient une psychanalyse par ce qu'ils rencontraient des problèmes dans leur couple, mais Francis avait besoin d'entendre une autre voix.*

*Ce fut une expérience complexe pour moi, car, Francis et Eve-Line étaient très cartésiens et les principes et théories de la psychologie classique étaient très ancrés dans leur esprit.*

*Tous les deux étaient fortement déséquilibrés et présentaient plusieurs corps disharmonieux.*

*J'ai commencé par travailler avec Francis. Il présentait un important déséquilibre de son corps émotionnel (orange, chakra Lombaire), de son corps mental (jaune, chakra du Plexus solaire) et de son corps astral (vert, chakra du Cœur). J'ai rapidement compris qu'il souffrait de gros problèmes de confiance et d'estime de soi, nourris par une série d'expériences amoureuses malheureuses. En effet, Francis a souvent été abusé par des femmes. Sa mère au premier chef. Depuis son enfance, il nourrissait cette crainte d'être trahi par les femmes qu'il aime. Pour lui, être aimé en retour représentait un risque, qu'il n'était pas certain d'être capable de prendre. En somme, il ne s'accordait pas le droit d'être aimé.*

*De son côté, Eve-Line était plus hermétique à la consultation. Je sentais en elle une immense peine. Veuve, elle était encore très affectée par la perte de son mari avec qui elle avait partagé des années d'une belle relation basée sur la communication et une confiance réciproque. Elle nourrissait l'envie d'être aimée à nouveau de cette façon. Depuis sa rencontre avec Francis, elle était tiraillée. Elle disait l'aimer mais souffrir d'un manque de communication dans leur couple et d'une grande différence relationnelle de ce qu'elle avait vécu avec son défunt mari.*

*L'importante dysharmonie qui brouillait leurs corps subtils, empêchait le couple de voir les choses de manière juste. Eve Line n'était pas heureuse, mais pétrifiée par l'angoisse. D'autant qu'elle avait toujours été très affectée par les témoignages de méfiance que Francis avait à son égard. Elle prenait pour elle toutes les remarques désobligeantes qu'il faisait. Je percevais sa fillette intérieure recroquevillée sur elle-même.*

*Les peurs de Francis et d'Eve-Line avaient fusionné, créant un déséquilibre vertigineux. Ils étaient comme un miroir l'un pour l'autre. Leurs vieilles blessures s'entrechoquaient. Il fallait que je les aide à libérer leurs peurs mutuelles. Si j'ai rapidement exécuté mon soin énergétique avec Francis, concernant Eve-Line les choses étaient plus compliquées. Elle n'avait pas vraiment choisi d'être là. Si elle était installée en face de moi, c'était pour faire plaisir à son compagnon. Cartésienne, elle ne me permettait aucun accès. Si j'avais formulé par le verbe tout ce que je percevais, elle se serait repliée encore davantage puisque ses peurs brisaient les chances d'être en équilibre. Pourtant je sentais bien qu'elle avait grand besoin de mon aide. C'est alors que j'ai fait ce que je ne fais presque jamais. « M'autorisez-vous à prendre vos mains ?» Eve-Line a accepté. Sans rien ajouter, je me suis employée à abattre quelques cloisons pour libérer son rayonnement. Finalement son corps émotionnel et son corps mental ont accepté l'ouverture. Je suis parvenue à les rééquilibrer afin de permettre à Eve-Line de retrouver le chemin vers elle-même. Ce travail était invisible aux yeux d'Eve-Line et pourtant cette dernière a perçu immédiatement l'allègement du poids qui pesait sur ses épaules. Elle a souri. En cherchant et en travaillant les émotions qui les bloquaient, j'ai déverrouillé le rayonnement de ses corps subtils. J'ai mis en place un terreau énergétique fertile capable d'aider à dénouer des situations.*

*Mon travail de ré-harmonisation est une chose, mais il en va de la responsabilité de chacun de ne pas saboter cette harmonie retrouvée.*

*J'ai eu des nouvelles de Francis et Eve-Line quelques semaines plus tard. Ils m'ont expliqué qu'en sortant de mon cabinet, ils se sont senti tous les deux prêts à repartir sur de nouvelles bases, plus ouvertes à une communication libre. Ils ont pu partager leurs émotions de couple.*

Il me faut prendre garde à chaque mot que j'emploie et à l'énergie que je diffuse. En effet, mon travail ne consiste pas uniquement à transmettre des messages. Loin de là. Je réalise un véritable travail énergétique d'apaisement pour la personne qui se tient en face de moi.

Je vais voir la partie d'elle-même qu'elle apprécie le moins. La plus évidente, celle qui est blessée. C'est là que j'ai la capacité d'agir et de transmettre des ondes énergétiques d'ouverture et de dénouement. Il n'est pas rare que mon travail énergétique provoque de vives réactions sur mes clients. Il est coutumier pour moi de les voir verser quelques larmes dans mon cabinet. J'active les rouages profonds de leur système. Je travaille en profondeur, en liaison directe avec l'enfant intérieur qui a été touché par les épreuves. J'agis sur un autre plan de conscience. Parfois, cette transmission d'énergie travaille pendant plusieurs semaines, jusqu'à ce que la personne ait bien intégré sa leçon de vie.

Je les préviens toujours : je réalise mon travail énergétique d'apaisement des douleurs émotionnelles profondes mais sans une volonté de changement de leur part, leur vie continuera à se dérouler telle qu'elle l'a toujours fait.

En revanche, si la personne qui se trouve en face de moi est prête à « lâcher » sa peur elle ressentira au fond d'elle-même une transformation. En général la métamorphose se constate le matin lorsqu'elle se réveille avec la sensation d'être différente. Cette sensation est la manifestation des vieilles mémoires et des vieilles blessures qui ont été traitées et qui passent au stade de la transformation. J'estime que mon travail énergétique s'achève le jour où la personne ne considère plus sa blessure, comme bonne ou mauvaise, mais simplement comme ayant existé.

Il est important que je mette tout en œuvre énergétiquement pour que les gens s'autorisent à trouver la paix. C'est ainsi que mes consultants sentent, en leur for intérieur, un apaisement profond, qui est en fait tout simplement le signal d'une reconnexion profonde avec eux-mêmes.

D'ailleurs, je sais quand mon interlocuteur a intégré ce que son guide souhaite lui transmettre. Lorsque l'information est passée, la personne baille ou soupire. Je ressens alors un soulagement intense.

## CONSEILS SIMPLES POUR ALIGNER SES CORPS SUBTILS

*EXERCICE DE RÉÉQUILIBRAGE DE L'HARMONIE SACRÉE DES ÉMOTIONS*

Chacun peut, à son rythme et à sa manière, ré-harmoniser ses huit corps subtils afin de retrouver toute sa présence et sa justesse. Voici un petit exercice de visualisation que je fais qui vous permettra de le réaliser.

Il se fait en deux temps :

Tout d'abord, offrez-vous un moment de tranquillité.
Séparez-vous de votre téléphone.
Isolez-vous dans un endroit préservé du bruit et de tout dérangement éventuel.

Debout ou assis, dans la position la plus confortable pour vous, les pieds au sol, inspirez et expirez profondément par le ventre.

Laissez la détente venir, ressentez votre ventre et imaginez-vous vous y installer confortablement.

1. Imaginez des racines sortir de sous vos pieds, et tout en inspirant, pénétrez dans le sol et descendez jusqu'au centre de la Terre.

2. Visualisez alors une magnifique boule d'argent très lumineuse.

3. Profitez de l'intense énergie ainsi produite.

4. Lors d'une inspiration, faites remonter cette merveilleuse énergie dans vos racines jusqu'à vos pieds et laissez-la pénétrer votre corps, dans tout votre corps jusqu'au sommet de votre tête.

5. Laissez ressortir cette belle énergie par le sommet de votre tête et imaginez un magnifique soleil bien au-dessus de vous.

6. Laissez aller cette belle énergie jusqu'au centre du soleil. Puis laissez-la revenir en vous jusque dans votre ventre.

Votre respiration peut accompagner ce mouvement. Laissez aller. Vous pouvez, selon votre envie, faire cet exercice plusieurs fois

Puis revenez en vous, au centre de votre ventre.

1. Imaginez alors votre 1er chakra, d'une belle couleur **rouge**.
Laissez cette belle couleur rayonner en vous, dans tout votre corps et par-delà.
Et dites « *Je suis à ma juste* ***place*** ».

2. Puis imaginez votre 2e chakra, d'une belle couleur **orange**.
Laissez-la rayonner dans tout votre corps et par-delà.
Et dites « *Je trouve ma juste* ***émotion*** ».

3. Passez à votre 3e chakra, d'une belle couleur **jaune**.
Laissez-la rayonner dans tout votre corps et par-delà.
Et dites « *je trouve mon juste* ***équilibre*** »

4. Imaginez-votre 4e chakra d'une belle couleur **vert émeraude**.
Laissez-la rayonner dans tout votre corps et par-delà.
Et dites « *je laisse* ***l'Amour rayonner*** »

5. Imaginez-votre 5e chakra d'une belle couleur **bleue turquoise**.
Laissez-la rayonner dans tout votre corps et par-delà.
Et dites « *j'ai la* ***parole juste*** »

6. Imaginez-votre 6e chakra d'une belle **couleur indigo**.
Laissez la rayonner dans tout votre corps et par-delà.
Et dites « *j'ai la* ***pensée juste*** »

7. Imaginez-votre 7e chakra d'une belle couleur **parme**.
Laissez la rayonner dans tout votre corps et par-delà.
Et dites « *j'ai la* ***juste perception*** »

« *J'accède à la Paix.*

*Je suis, dans ma conscience supérieure, en équilibre avec mon cœur,*
*mon âme et mon esprit* ».

Prenez le temps d'intégrer ces différentes étapes.

Puis refaites le chemin des couleurs dans le sens inverse :

Pensez à votre 7e chakra et imaginez la couleur **parme**
Pensez à votre 6e chakra et imaginez la couleur **indigo**
Pensez à votre 5e chakra et imaginez la couleur **bleu turquoise**
Pensez à votre 4e chakra et imaginez la couleur **vert émeraude**
Pensez à votre 3e chakra et imaginez la couleur **jaune**
Pensez à votre 2e chakra et imaginez la couleur **orange**
Pensez à votre 1er chakra et imaginez la couleur **rouge**

Revenez alors dans votre ventre, prenez conscience de votre respiration, ressentez votre corps, vos pieds bien ancrés sur le sol, étirez-vous, baillez. Revenez dans votre instant présent.

Il est également possible d'aller plus loin dans la recherche de son équilibre énergétique grâce à la **lithothérapie**. En effet, certaines pierres concentrent des énergies bénéfiques au rééquilibrage de nos corps subtils. Sous forme de pierres polies ou de bijoux, elles peuvent vous aider à travailler et à maintenir un équilibre énergétique favorable quotidien.

Si vous parvenez à identifier le niveau de déséquilibre, la couleur déficiente, il suffit de saisir la pierre associée et de la serrer dans sa main quelques minutes en s'imaginant entouré du halo lumineux de la teinte en déséquilibre.

À vous de sentir intuitivement les pierres avec lesquelles vous désirerez travailler.

Voici, le nom de quelques-unes associé au chakra correspondant :

1er chakra : Septaria, Jaspe, Rubis, Hématite, Tourmaline…
2e chakra : Cornaline, Pierre de lune, Pierre de Soleil…
3e chakra : Ambre, Citrine, Œil de tigre...
4e chakra : Aventurine, Émeraude, Quartz rose…
5e chakra : Larimar, Turquoise, Aigue-marine…
6e chakra : Labradorite, Lapis lazuli, Sodalite…
7e chakra : Améthyste, Cristal de roche, Diamant…

*MÉTHODE POUR RÉÉQUILIBRER SES CORPS SUBTILS GRÂCE AUX PIERRES*

Des plus simples, cette méthode consiste à s'allonger tout en gardant les bras le long du corps, idéalement dans le calme et le silence. Prenez les pierres dédiées à chaque chakra et faites les correspondre à l'exacte partie du corps concernée.

Prenez le temps de souffler et de vous déconnecter de toutes contraintes, pensez seulement aux pierres. Vous aurez une sensation de chaleur, qui sera ni plus ni moins que l'apport des pierres en énergie.

**Septaria** >>> Sur le coccyx, base de la colonne vertébrale

**Cornaline** >>> Entre le pubis et le nombril

**Citrine** >>> Environ 5 cm au-dessus du nombril

**Quartz rose** >>> Sur la poitrine, entre les seins

**Turquoise** >>> A la base du cou, où commence la gorge

**Labradorite** >>> Entre les deux sourcils

**Améthyste** >>> Au sommet du crâne

Respirez lentement tout en restant détendu, détournez toutes les pensées qui viendraient obscurcir votre esprit. Relâchez-vous et profitez de ces quelques minutes de détente pour respirer profondément avec votre ventre. Pendant ce temps, les pierres feront leur travail de canalisation énergétique.

Lorsque vous ressentez que l'exercice a assez duré pour vous, vous pourrez retirer les pierres. Une fois retirées, allez les nettoyer sous un filet d'eau. Pensez de temps à autre à les ré-énergiser avec les méthodes de rechargement des pierres appropriée (par exemple à la lumière de la lune ou du soleil selon la gemme). Nettoyées et séchées, elles seront prêtes pour une prochaine utilisation.

PARTIE II

# Vivre avec les autres

THÈME 6

# COMMUNIQUER DANS LA JUSTESSE

*« En plaisantant, on peut tout dire, même la vérité » - Sigmund Freud*

**L'être humain, dans son essence, a besoin de s'exprimer et d'être compris.** Il n'existe pas une personne au monde qui peut se passer d'une écoute attentive et cela même si elle prétend fermement le contraire.

Dans la vie d'un être humain, la communication est la base de tout. Sans elle, il est impossible d'échanger, de se comprendre et encore moins de vivre des relations harmonieuses. C'est bien simple, les difficultés de communication sont à l'origine de l'écrasante majorité des troubles relationnels entre individus, à plus de 90 % selon moi.

La plupart des nœuds, des conflits pourraient très facilement être évités, si chacun communiquait de manière claire et ouverte ses opinions, ses ressentis. C'est en tout cas ce que j'ai pu déduire de mes cinquante années de vie sociale et de mes trente années de pratique de la parapsychologie.

Dire les choses telles que nous les pensons n'est évidemment pas si simple que ça.

## Les freins à l'honnêteté

### *La peur*

**La peur est bien souvent à la base d'une communication défaillante.** La peur de ne pas être compris, de ne pas être entendu, de perdre une situation, un avantage, la peur également de blesser l'autre avec sa vérité.

Communiquer ouvertement engage la responsabilité de l'initiateur de la discussion qui peut se mettre en danger.

La peur de blesser l'autre est, pour beaucoup de monde, la principale cause de non-expression. La crainte de sa réaction et de ses conséquences est souvent plus forte que la volonté de se faire entendre et d'harmoniser les rapports.

**Pourtant, si nous nous perdons à cause de l'autre, nous ne vivons pas notre vie.**

Lorsque les choses sont dites avec simplicité, honnêteté et justesse, presque tout est entendable même pour les personnes généralement peu à l'écoute. Exprimer, avec cœur et sincérité, ses ressentis a toujours un impact, surtout auprès des personnes qui y sont peu habituées. Même si, sur l'instant, prises par leurs propres blessures et filtres émotionnels et réagissant avec leur ego, elles peuvent ne pas renvoyer cette impression. Je sais d'expérience, qu'**une déclaration sincère fait réfléchir n'importe qui.** N'ayez plus peur, dites ce que vous avez à dire et vous verrez bien quelle dynamique se crée. Ayez simplement l'intelligence de laisser le temps faire son œuvre.

*Ce type de prise de risque a été un tournant essentiel dans la vie de Charlie. Ce jeune homme d'une trentaine d'année était depuis longtemps tiraillé. D'un côté, il était très présent auprès de sa mère, Gladys, une matriarche au caractère fort et autoritaire qui attendait de lui qu'il exécute ses moindres volontés, qu'il se range à ses opinions. De l'autre côté, il vivait une histoire d'amour avec Alexandra, une jeune femme que Gladys ne portait pas dans son cœur.*

*Son couple pâtissait dangereusement de cette dualité.* « Je crois que nous allons nous quitter ». *Un jour, dans un moment de vulnérabilité après une grave dispute, Charlie est venu chercher un peu de soutien moral, de consolation auprès de sa mère. Il n'a rien obtenu de tout cela. Fidèle à elle-même, Gladys n'a pas pris la mesure de la détresse émotionnelle de son fils, mais a immédiatement fustigé sa belle-fille en rentrant dans des considérations matérielles.* « Bien sûr, maintenant que tu lui as prêté de l'argent, rien ne va plus ! Attention, elle va te rouler ! Tu vas te faire avoir ! Je t'avais pourtant prévenu dès le début que cette fille n'était pas fiable ». *Gladys, entendait bien profiter de cette tempête pour remonter son fils contre Alexandra une bonne fois pour toutes. Son manque de tact et son absence d'écoute a réveillé soudainement le lion qui sommeillait en Charlie. Sa mère réactiva, avec ses quelques mots, une blessure d'enfance profonde. Son enfant intérieur laissa exploser sa colère. Lui, qui depuis le départ de son père était devenu le confident, l'épaule sur laquelle Gladys se reposait, se sentait soudainement rejeté au moment où il avait besoin de l'exact contraire. Tout ce qu'il voulait, c'était que sa maman le console, le rassure en lui disant que tout irait bien. Gladys, sans le savoir, venait d'ouvrir la boîte de Pandore. Charlie ne lui épargna rien. Alors qu'il avait pris sur lui les débordements caractériels de sa mère pendant des années, il décida qu'il était temps de mettre fin à ce cercle vicieux. Sur l'instant, Gladys, dans le déni, n'accepta aucune de ses remarques minimisant l'impact négatif de son attitude.*

*Lorsque Charlie rentra chez lui, Alexandra comprit immédiatement que quelque chose s'était passé. Tous deux ont longuement discuté, puis pleuré. Il lui expliqua qu'il avait fait le douloureux choix de couper le cordon. Alexandra, touchée par ce sursaut inespéré, donna une seconde chance à Charlie.*

*« C'est bon, tu as fini ta crise ? » Après quelques jours, Gladys téléphona à son fils qui lui opposa une fin de non-recevoir. Il lui annonça que trop en colère, il souhaitait garder temporairement ses distances. Il reviendrait vers elle dans quelque temps, mais que d'ici là il lui conseillait de faire son propre examen de conscience. Si non, il serait prêt à couper les ponts.*

*L'histoire de Charlie avec sa mère n'est pas réglée à ce jour. En revanche, le fait qu'il se soit émancipé de Gladys a renforcé son estime de lui et l'intensité de ses sentiments vis-à-vis d'Alexandra. Aujourd'hui son défi est de se pardonner de s'être confronté à sa mère et d'accepter de vivre la vie qu'il s'est choisi sans que cette dernière intervienne, chose qu'il ne se serait jamais cru capable de faire.*

Si l'effort engagé dans le repositionnement d'une relation conflictuelle n'est jamais récompensé et qu'une communication équilibrée est impossible, il est alors bon d'envisager un deuil relationnel. Parfois la rupture et l'éloignement des relations toxiques sont les meilleures actions que vous pouvez poser pour vous-même. À vous de définir quelles limites vous souhaitez poser à cette relation et en couler les nouvelles fondations.

Toutefois gardez toujours à l'esprit qu'**en cas de conflit, chacun de nous est responsable à 50 %.**

### *A priori et présomptions trompeuses*

Nous sommes tous différents. **Chacun porte en lui sa vérité.** Une réalité qui nous appartient et qui définit notre manière d'être. Il n'existe pas deux individus semblables. Chacun, du fait de ses valeurs profondes, de son éducation, de ses propres expérimentations (dans cette vie et dans les précédentes), de ses blessures profondes, de ses filtres émotionnels, élabore son propre schéma de fonctionnement.

Prenons l'exemple d'une famille composée d'une fratrie de trois enfants. Malgré toute la bonne volonte des parents, ils n'éduqueront pas les trois enfants de la même manière, car chacun présentera un tempérament, une vision des choses qui lui sera propre. Si les valeurs et les codes de la famille seront transmis de la même manière, chacun des enfants deviendra un adulte qui les exploitera à sa façon. Les parents n'ont qu'à accepter qu'ils ont fait ce qu'ils ont pu pour inspirer à leurs enfants le droit d'être eux-mêmes, dans leur libre-arbitre.

Il est illusoire de croire que nous sommes capables de comprendre à 100 % quelqu'un. C'est impossible. Nous pouvons nous représenter un contexte, une situation, un type de caractère, anticiper certaines réactions, mais en aucun cas nous ne pouvons-nous mettre à la place de quelqu'un. Au mieux nous pouvons nous montrer empathique, c'est-à-dire à l'écoute, sans à priori ni jugement.

C'est justement parce que chaque individu est différent et a ses propres filtres d'interprétation des événements qu'il est indispensable :

— **de verbaliser ses attentes, ses besoins**
— **et surtout ne présumer de rien surtout avec les personnes les plus proches.**

Ce sont les deux règles majeures d'une communication équilibrée, dans la justesse.

Par exemple, vous souhaitez inviter votre maman à déjeuner au restaurant plutôt que chez elle, en pensant lui faire plaisir en lui évitant pour une fois la corvée de préparer le repas et de faire la vaisselle. Elle, de son côté, préférerait vous entendre dire que à quel point vous aimez sa cuisine et vous sentez à l'aise chez elle, même si elle se sent parfois un peu dépassée.

### *Toute vérité est-elle bonne à dire ?*

En théorie, je répondrais oui. Une affirmative que je m'empresse de nuancer. Mon travail me le confirme chaque jour, il existe mille manières de communiquer. Tout le monde n'est pas toujours capable de se faire comprendre, de tout entendre et surtout de tout comprendre.

Si vous éprouvez un besoin impérieux de vous exprimer, il faut garder à l'esprit que votre interlocuteur ne fonctionne pas nécessairement comme vous. Son vécu, son état d'esprit et sa disponibilité du moment influencent sa capacité à traiter l'information que vous souhaitez transmettre. D'autant plus, si le ton de la discussion n'est pas propice à un échange serein. Il s'agit d'un conseil de bon sens, mais **il est toujours préférable de privilégier une communication calme.** Je ne saurais que trop vous recommander d'éviter de vous exprimer dans l'énervement, même si je sais bien que parfois, c'est impossible.

Si votre interlocuteur ne semble pas comprendre le message que vous souhaitez lui faire passer à la première tentative, soyez patient. Laissez-lui le temps de digérer et de traiter l'information. Au besoin, réfléchissez à une autre formule, à un autre moyen que la parole. Certaines personnes ont besoin d'être confrontées à une situation pour la comprendre.

### *Être présent à l'autre*

Soyez dans l'instant présent pour une écoute et des échanges harmonieux.

Si vous êtes pressé ou préoccupé, vous serez énergétiquement dérangeant pour la personne qui souhaite vous parler ou vous témoigner son affection en posant des actes.

Il est impératif de ne pas perdre de vue, qu'à un moment T, les besoins et les attentes de chacun diffèrent souvent.

Par exemple, vous venez d'apprendre une mauvaise nouvelle familiale qui vous affecte, vous personnellement. Vous souhaitez partager cette émotion avec votre compagne (on), qui sur l'instant a l'esprit occupé à regarder un film qui le passionne. Dans ce cas-là, il y a fort à parier que sa réaction à votre tentative de communication ne soit pas du tout à la hauteur de votre attente. Ce type de situation peut facilement dégénérer en dispute. Vous vous sentez, injustement, mal-aimé alors que votre moitié n'était tout simplement pas dans la communication à ce moment-là. **Dans l'émotion, nous ne sommes pas justes.**

Dans des moments de vulnérabilité, de fatigue, il est humain de se sentir plus facilement heurté qu'en temps normal. Dans ces cas-là, l'enfant blessé ne nous permet plus d'être cohérent. La colère, la peur et l'angoisse dominent la situation.

Il est toutefois possible d'éviter sereinement le conflit, même si aller au-delà de ces réactions « primitives », ne pas « rentrer dedans » est un travail qui demande beaucoup d'entraînement.

***Il est primordial de donner le droit à l'autre de fonctionner différemment de nous, dans l'instant.***

Il est presque certain, qu'à un moment ou un autre votre compagne (on) verra votre blessure, même si cela doit lui prendre toute une nuit ou plusieurs jours.

Si l'autre n'est pas prêt à recevoir une communication, rien ne sert de s'énerver, il faut l'accepter. Le bon moment arrivera, tôt ou tard.

Gare également à l'écueil de **la moralisation qui peut être tout simplement dévastatrice.**

Pour illustrer cette idée, je pense à l'histoire de Patricia. La veille de notre rendez-vous, elle avait trouvé une barrette de haschich dans les affaires de son fils adolescent. Très surprise, elle était perdue, ne savait pas comment réagir. Je lui ai donc fait part des deux solutions qui s'offraient à elle :

— surréagir, accabler son fils avec sa morale en prenant le risque de rompre complètement la communication sur ce sujet.

— lui parler calmement, sans jugement : *« tu as peut-être besoin de cela en ce moment pour gérer tes émotions, oublier des événements difficiles mais saches que je m'inquiète. Je te demande de faire très attention à toi et de m'alerter si les choses dégénèrent. »*

***Si une discussion sensible est menée sans condamnation ni jugement, les rapports deviennent plus profonds.***

J'ai bien conscience que cette gymnastique n'est pas simple, surtout sur des sujets aussi sensibles. Pour moi, c'est justement parce que ces sujets sont épineux qu'il est essentiel de les aborder en bonne intelligence, sans céder aux sirènes de la colère et de l'énervement qui sont, sans doute justifiables mentalement, mais dangereuses pour le maintien des échanges.

En partant du principe que les attentes des uns ne sont nécessairement pas celles des autres, le juste équilibre consiste à cesser d'attendre des autres.

### *Le dialogue impossible*

Dans mon cabinet, vous l'aurez compris, je m'efforce de communiquer vrai. Je transmets les messages des guides qui sont dans la justesse du moment et de la personne en face de moi. Souvent, je dois dire des choses qui font tout sauf plaisir aux personnes assises en face de moi. Je heurte parfois les egos, c'est vrai, mais c'est la seule façon pour mes clients d'opérer les prises de conscience nécessaires à leur cheminement personnel. C'est cette communication juste de ma part qui, je crois, les aide à avancer.

J'ai conscience qu'affirmer qu'une communication ouverte et franche améliore les rapports et désamorce des situations conflictuelles, c'est enfoncer une porte ouverte. Nous le savons tous. Pourtant, je constate, consultation après consultation, témoignage après témoignage, à quel point il est difficile d'y parvenir.

*Certaines situations de la vie, conflits enracinés, rendent la communication impénétrable, parfois jusqu'au décès de l'une des « parties ». Je me rappelle notamment de la situation de Karine. Alors qu'elle était venue en consultation pour toute autre chose, sa mère est venue lui parler :*

*« Votre maman est là et vous dit qu'elle vous aime.*

*— Je ne veux pas le savoir.*

*Cette jeune femme était dans un rejet terrible de sa mère. En effet, elle estimait que son alcoolisme incurable avait volé son enfance.*

*— Elle vous demande pardon.*

*— Je lui refuse net.*

*Sur l'instant j'ai eu le sentiment, que cette relation tragique ne pourrait jamais s'arranger, même avec mon entremise.*

*Je me suis donc contentée d'effectuer un équilibrage énergétique en espérant que Karine puisse un jour s'apaiser. Lorsqu'elle est revenue me voir quelques mois plus tard, elle avait beaucoup changé. Curieusement, Karine avait fait un énorme travail sur elle et sur sa relation avec sa mère pour être sereine sur son histoire de vie. Ces quelques mots formulés par sa mère, avaient cheminé dans son esprit, lui avaient finalement permis de trouver la paix.*

JE PEUX AIDER, ACCOMPAGNER. JE NE FAIS PAS DE MIRACLES. SI LES GENS NE TRAVAILLENT PAS SUR EUX, JE NE PEUX RIEN.

## Trouver l'équilibre entre donner et recevoir ou l'art d'exprimer ses limites

### *« Je suis parce que nous sommes »*

Dans toute forme de relation (familiale, amicale, professionnelle, entre voisins, etc.), il y a souvent ceux qui donnent en tenant toujours compte des autres et ceux qui prennent en partant du principe que les autres seront toujours là, à leur écoute. Les deux types de personnalités ont leurs qualités et leurs défauts.

Lorsque tout va pour le mieux, la communication entre elles s'équilibre naturellement dans la justesse. En revanche, le jour où vous avez besoin de vous épancher auprès de cette collègue de travail qui passe son temps à vous raconter sa vie dans les moindres détails et qu'elle vous *rembarre* sans ménagement, soudainement une injustice vous saute aux yeux et, consciemment ou inconsciemment, vous entrez dans un jeu dangereux : compter les points.

Cette réaction, très humaine, est tout ce qu'il y a de plus normale car **être vu et entendu par l'autre est l'un de nos besoins émotionnels les plus essentiels.**

Tous, autant que nous sommes, nous souhaitons plus que tout au monde que les personnes qui comptent pour nous, fassent en sorte que nous nous sentions appréciés et compris. Si, malheureusement, l'empathie et le soutien ne sont pas au rendez-vous, nous nous sentons rejetés, mal-aimés, trahis. Ainsi, une relation, aussi belle soit-elle, peut en réalité très facilement « *prendre l'eau* ». Rien n'est acquis en amour, comme en amitié, jamais.

Définir et exprimer clairement ce que nous voulons ou pas face à quelqu'un n'est pas toujours une mince affaire. Tout dépend de qui se trouve en face de nous, parents, ami, collègue, etc. et de la relation qui nous unit. Pourtant **marquer son territoire est essentiel pour une relation équilibrée.** D'un côté, il y a les personnes qui n'ont aucun mal à dire ce qu'elles pensent au moment où elles le pensent. Pour elles, exprimer leurs limites est une évidence. Elles peuvent sembler brutales, incorrectes parfois, mais au moins avec elles les choses sont dites, les frontières sont claires.

De l'autre, il y a les gens qui, comme moi, refusent rarement une discussion, une rencontre, un échange même si ça ne les arrange, personnellement, pas du tout. J'ai toujours eu énormément de mal à dire non à ma famille, mes amis et même mes clients. D'autant, qu'en tant que médium parapsychologue, en tant que professionnelle de l'écoute, je suis comme vous pouvez vous en doutez ultra sollicitée.

*J'ai eu une cliente, il y a quelques années de cela, qui est entrée dans une logique infernale. Elle traversait une période difficile. Comme il m'arrive de le faire à de rares occasions, je lui ai donné mon numéro, me tenant à sa disposition gracieuse en cas d' « urgence ». Elle n'a pas hésité du tout à l'utiliser. Elle m'a appelé une fois, deux fois, puis tous les jours et même en pleine nuit pendant des semaines. Elle basculait dans l'addiction. J'en étais arrivée à ressentir une crispation terrible à chaque fois que je voyais son numéro s'afficher sur mon téléphone, mais je finissais irrémédiablement par décrocher. Au départ, je me disais que ce n'était que temporaire, qu'elle allait finir par réaliser ce qu'elle était en train de faire. Il m'est arrivé de la repousser, en bredouillant des justifications. Parfois je raccrochais en me disant que j'aurai dû tout simplement refuser de lui parler sans avoir à donner d'explication, ce qui était mon droit le plus absolu. Parfois, je m'en voulais, me trouvant incorrecte. J'étais très embêtée, car je la savais en détresse, mais je ne pouvais pas décemment tolérer une telle intrusion dans ma vie, d'autant qu'au final je réalisais qu'elle n'écoutait pas mes conseils.*

*Je me suis donc posée pour réfléchir à la raison de mon manque de courage. Je me suis demandé d'où venait ma difficulté à poser des limites et mon manque d'assurance dès qu'il s'agissait de défendre mon point de vue ?*

Serais-je toujours apprécié(e) si je dis non ? Suis-je un(e) bon(ne) thérapeute, ami(e) ? Sauter le pas et être parfaitement honnête avec quelqu'un qui empiète sur votre vie, c'est prendre le risque de le braquer, de rompre le lien. Inévitablement, la personne se sentira rejetée surtout si elle avait bénéficié jusque-là de notre disponibilité à toute épreuve. La pilule passera si vous prenez le temps d'expliquer clairement et une bonne fois pour toute votre point de vue. Vous vous rendrez compte, comme moi, que finalement la réaction de notre interlocuteur, remis à sa place, ne sera pas forcément aussi négative que ce que nous pensions. En vérité, la majorité des gens trouvent réconfortante la droiture des personnes les plus sûres d'elles.

Comme chacun de vous, il m'arrive de douter des limites que j'ai décidées et de me demander si elles sont bien raisonnables. Si nos limites doivent être claires, elles doivent surtout être équilibrées et ré ajustables selon les circonstances.

Mener ses rapports sociaux de cette manière n'est pas égoïste, mais juste pour soi. Nous pouvons sans problème mettre nos intérêts personnels de côté pour nous consacrer, pendant un temps, à ceux d'une tierce personne. Mais cela doit rester temporaire. Il est important de ne pas perdre sa liberté afin de ne se perdre. Fixer des règles fermes pour ne pas souffrir d'un déséquilibre de communication est capital, sans pour autant fixer des limites immuables.

### *Le respect de soi, la priorité de chacun*

Nous sommes tous et surtout toutes, à vrai dire, soumis(e) à l'exigence sociale de la gentillesse. Nous apprenons aux enfants à l'être dès qu'ils sont en capacité d'interagir avec les autres. Être gentil, exclut de fait toute confrontation directe, manifestation de colère ou d'agressivité. Exprimer son désaccord avec trop de force n'est pas, socialement, approprié.

Pourtant poser des limites fermes tient autant de la qualité que du défaut. Toutefois **rééquilibrer une communication dysfonctionnelle, c'est gagner en respect de soi et en liberté.**

Je constate malheureusement que beaucoup de mes clients ont du mal à défendre leur position et leurs intérêts. J'essaie par tous les moyens de leur faire comprendre qu'**il ne s'agit pas d'être apprécié mais d'être respecté**, en particulier dans le cadre professionnel où les débordements sont très fréquents. Les rapports de hiérarchie ne sont pas toujours simples et pourtant, au travail il est absolument nécessaire de s'octroyer de l'espace pour s'affirmer ou, tôt ou tard, la situation ne sera plus tenable et virera au cauchemar. Attention toutefois à ne pas confondre affirmation de soi et franc parler brutal.

Reconnaître ses fautes et s'excuser est parfois la seule chose à faire pour éviter une surenchère dévastatrice.

*C'est exactement ce que j'ai essayé de faire comprendre à Laure. Responsable d'un cabinet de comptabilité, elle était assistée d'une secrétaire, un peu tête en l'air, qui avait souvent besoin qu'elle lui explique précisément les tâches qu'elle devait accomplir. Laure, rude et souvent débordée de travail, avait très peu de patience avec sa subordonnée. Elle n'hésitait pas à l'envoyer sur les roses lorsqu'elle lui demandait des précisions, des informations sur les procédures, etc. Un jour, elle est allée jusqu'à la traiter d' « âne ». Convoquée par sa Direction, Laure a été mise à pied plusieurs jours en raison d'un dépôt de plainte pour harcèlement moral.*

*C'est à ce niveau d'escalade que Laure est venue me voir. Passionnée par son travail, elle était très embêtée par la tournure que prenaient les événements, mais ne les comprenait pas. Elle n'avait aucune conscience du mal que ses mots pouvaient faire, ni du mépris qu'elle pouvait renvoyer. Elle ne comprenait pas non plus la décision de sa hiérarchie à son encontre, alors qu'elle s'efforçait depuis toujours d'être la plus performante possible. Alors qu'elle était très en colère, il a fallu que je lui fasse comprendre qu'en milieu professionnel la neutralité est de rigueur même si cela suppose, parfois, de mettre de l'eau dans son vin. S'il y a bien un endroit où la liberté totale d'expression n'a pas de place, c'est bien au travail. Comment pourrait-il en être autrement alors que les entreprises sont composées d'un agrégat de gens qui n'ont pas forcément choisi de passer leurs journées ensemble ?*

*Pour l'aider à appréhender son retour après quelques jours d'arrêt de travail forcé, je l'ai d'une part rééquilibrée dans une énergie d'humilité, puis je lui ai parlé de la méthode hawaïenne de résolution des conflits appelée Ho'oponopono (« rétablir l'équilibre »). Elle consiste, basiquement, à formuler quatre phrases simples :*

*1. Je suis désolé(e)*

*2. Je te pardonne*

*3. Merci*

*4. Je t'aime*

*Ces quelques mots, prononcés, ou juste pensés, avec une véritable intention juste, ont le pouvoir de rééquilibrer l'énergie.*

*À son retour au cabinet, Laure a demandé à son assistante de la rejoindre dans son bureau. Elle a présenté des excuses sincères à sa collaboratrice tout en lui envoyant des pensées d'amour et de pardon. En mettant les choses à plat, en discutant sagement, les deux femmes ont enterré la hache de guerre. Bien entendu, elles ne deviendront jamais les meilleures amies du monde, mais elles entretiennent désormais des relations de travail correctes et respectueuses.*

## Entretenir ses bonnes relations

Heureusement, chacun de nous expérimente ou expérimentera, à un moment ou à un autre de sa vie, de belles relations de communication (avec ses parents, ses frères et sœurs, des amis, des collègues, des inconnus même !). De fait, nous savons tous plus ou moins reconnaître un échange harmonieux d'un autre. Nous ressentons au fond de nous si nos conversations sont équilibrées, si notre chakra du Cœur vibre. C'est bien simple, nous quittons notre interlocuteur satisfait et rempli par la compréhension qui nous a été accordée. Il est très important de consacrer l'essentiel de son temps et de son énergie au développement de telles relations plutôt qu'à l'entretien de rancœurs. Savoir dire, « *j'aime passer du temps avec toi, j'aime nos discussions, je t'aime* » est important à dire et à entendre pour une construction harmonieuse.

Il est primordial de garder nos belles expériences de communication en mémoire afin d'en tirer des leçons qui serviront à mieux appréhender des situations de communications déséquilibrées.

### *Notre bonheur dépend de celui des autres*

S'il y a bien une chose dont je suis certaine et que mes guides ne cessent de me répéter depuis que je suis en capacité de les entendre, c'est que **notre bonheur est, intimement, lié à celui de notre entourage.** Nous sommes tous reliés, interconnectés sur le plan terrestre et sur les autres. Personne, je dis bien personne, seul dans son coin n'est en mesure d'éprouver une véritable sensation de bonheur. Une satisfaction momentanée peut-être, mais pas le bonheur.

Avant d'être une notion de bon sens, cette idée est un concept philosophique, un héritage ancestral développé notamment au sein de tribus Sud-africaines. Elles le nomment *ubuntu* (« *l'intérêt tribal* »). En anthropologie, cette notion est enseignée à travers un exemple concret rapporté par un scientifique occidental ayant étudié ce phénomène au sein d'une tribu subsaharienne. Ce dernier avait demandé à plusieurs enfants du village de participer à une expérience. L'anthropologue a tracé une ligne sur le sol, puis demandé aux participants de se placer derrière. Quelques mètres plus loin, le scientifique a disposé un panier rempli de beaux fruits. La consigne de l'expérience : au signal le premier qui atteindra le panier remportera son contenu. A la grande surprise de l'anthropologue, mais pas des adultes de la tribu, les enfants se sont pris par la main et se sont avancés d'un seul mouvement. Arrivés au panier, ils se sont partagé les victuailles.

Comment comprendre, en tant qu'occidental matérialiste, ce regroupement alors que l'un d'eux aurait pu tout rafler ? C'est la question que l'anthropologue posa à une petite fille. Elle répondit par une autre question, aussi philosophique que rhétorique : comment un seul d'entre nous pourrait être heureux si les autres sont tristes ?

L'*ubuntu* signifie que notre bien-être est indissociable de celui des autres, que nous avons besoin des autres pour exister. C'est une réalité. Certains passeront leur vie à chercher le bonheur par leurs propres moyens, leurs propres exploits individuels, leurs propres réussites personnelles. Mais je ne sais que trop bien que le temps et l'énergie consacrés à de tels projets individuels sont employés en pure perte.

À moins que, en explorant cette voie d'expérimentation, ils finissent par réaliser que leurs exploits, savourés seuls, n'ont aucun goût et, de surcroît peuvent ternir leurs relations. Une attitude individualiste et présomptueuse dans l'acquisition de biens ou de pouvoir peut donner l'illusion d'une satisfaction, mais je n'ai fait que constater, en trente années de consultation, qu'au moment ultime de la vie, ce type de réussite n'a aucun sens ni pour celui qui est parti, ni pour ceux qui restent.

*Il s'agit là de la douloureuse expérience vécue par Samantha. Fille unique d'un homme très fortuné et obsédé par l'accroissement de ses richesses, elle eut le sentiment d'être profondément négligée par son père. Ce dernier a passé sa vie à être très occupé par tout un tas de choses mais jamais ni par son enfant ni par son épouse. Samantha a grandi dans le luxe certes, mais sans l'Amour d'un père présent.*

*A la première consultation, son défunt père s'est manifesté en médiumnité. Ayant pris conscience de ses erreurs, il souhaitait demander pardon pour tout le « mal » que son attitude avait occasionnée. Mais la petite fille intérieure de Samantha avait perdu toute confiance en elle, elle était totalement contrite, en pleurs. Elle était aussi en colère après son père car elle avait toujours eu le sentiment de n'avoir jamais été reconnue par lui, qu'elle n'était pas digne de son amour et donc que son père ne l'aimait pas.*

*« Je ne veux rien savoir de ce connard ! » Plusieurs années s'étaient écoulées depuis la mort de son père, mais les plaies d'enfance de Samantha étaient encore à vif. Elle était incapable d'accorder son pardon. Cependant, les paroles et les informations données lors de cette consultation ont pu aider, par après, Samantha à guérir les blessures de son enfant intérieur et se rendre compte que son père, malgré son attitude, l'aimait. Cette libération a permis à l'enfant intérieur de Samantha de grandir et prendre confiance en la Vie.*

L'essentiel ne s'achète pas mais se donne en partage.

### *Partager, ensemble, nos succès individuels*

Le groupe (familial, amical, professionnel, etc.) est une composante structurante de notre identité mais aussi de nos chances et de nos opportunités. Un succès doit être partagé avec l'entourage pour être savoureux. Si l'un de ses membres obtient un complément de bien-être, les autres sont capables de ressentir un supplément de bonheur puisque cet état d'être est communicatif et ouvre de nouvelles possibilités à tous. Qui n'a jamais ressenti l'envie d'aller de l'avant, de se remettre en question, après avoir constaté les effets bénéfiques d'une remise en question chez un proche ? Tout le monde ne le met pas en pratique, mais y pense.

Le partage des événements positifs de nos vies prend des formes diverses que nous mettons tous déjà en pratique en organisant une fête, un cocktail professionnel, un dîner, en sortant boire un verre avec ses amis. Il est toujours constructif de partager sa joie ! L'énergie qui se dégage de ces événements irradie. En général, l'assemblée repart plus légère qu'elle ne l'était en arrivant.

Ces réunions de proches sont aussi l'occasion d'amorcer, dans un contexte plus détendu, le dialogue avec ceux qui éprouvent le plus de difficultés à se réjouir du bonheur des autres. Fêter les bonnes nouvelles, en se retrouvant, offre aussi la possibilité aux proches de se réjouir et d'exprimer leur fierté et surtout cela contribue à souligner notre appartenance à une communauté, à définir quelle est notre place et celle des autres dans notre propre réseau social ou de parenté.

### *Dialogues constructifs*

Bonheurs, malheurs, joies, peines, dangers, problèmes, tout peut être partagé dans l'honnêteté et la spontanéité avec ses proches. Bien entendu, il ne s'agit pas de tout raconter à n'importe qui, mais d'ouvrir le dialogue sur les sujets que nous souhaitons partager, qui nous préoccupent, sans tabou, avec ceux en qui nous avons confiance. Nous savons, au fond, qui ils sont. Nous les reconnaissons dans notre cœur. Ce sont les personnes qui nous remontent le moral dans les moments d'abattement et inversement. Ce sont les personnes qui croient en nous, souvent plus que nous-même.

Il serait illusoire de croire que tout le monde est en capacité de compatir, que jamais vous ne vous sentirez trahi, sous-estimé ou non soutenu. Simplement, la vie au fil de vos expérimentations, vous offre la possibilité de comprendre les blocages qui empêchent vos proches de partager votre bonheur ou, au pire des cas, de faire le tri dans les relations qui sont trop toxiques pour vous.

Par exemple, lorsque vous venez de décrocher la promotion de vos rêves et que l'un de vos collègues se renferme dans une coquille en l'apprenant ; ou que vous vivez une fantastique histoire d'amour et qu'en présentant l'élu de votre cœur à vos amis, vous ressentez que l'un d'eux, célibataire, ne partage pas votre joie, mais au contraire vous renvoie sa jalousie au visage ; vous vous sentez extrêmement blessé, mésestimé, mal-aimé. Malheureusement, nous ne pouvons empêcher les gens de ressentir des sentiments désagréables, comme l'envie ou la jalousie, qui gangrènent tant de relations humaines et qui nous bloquent.

La seule formule magique que je connaisse pour se libérer de ce type de schémas destructeurs est le dialogue. Seule la communication entre les Êtres, permet de décanter ce type de situations. Il faut faire l'effort d'en parler si nous souhaitons rectifier le tir, que les rapports s'améliorent.

En dialoguant ouvertement, outre le partage de sa vision propre d'un événement commun, nous partageons le fait que nous soyons humains et donc vulnérables. Ce n'est qu'en échangeant dans le verbe honnête, dans le regard et dans les gestes qu'une certaine compréhension et compassion envers soi-même et les autres peut naître.

Une discussion constructive et réparatrice est rarement menée à coups de « je ». Au contraire, c'est le « *nous* » qui doit l'emporter. Il n'est pas question de parler de soi et de sortir les griffes par une avalanche de reproches mais de rappeler les discussions, les événements qui nous sont communs, les sentiments qui nous lient. Ensuite, il est important que chaque interlocuteur expose son point de vue afin de dénouer les incompréhensions et exprimer les non-dits.

***Lorsque nous employons le pronom « nous », plutôt que le « je », comme point de départ d'une conversation, nous ouvrons le dialogue sur ce qui nous relie les uns aux autres.***

## Exprimer sa gratitude envers les autres et envers soi-même

MERCI, ce mot simple est l'un des premiers que prononce un enfant qui apprend à parler. Ces cinq lettres ont une puissance positive incommensurable. Pourtant, pour certaines personnes, prononcer ce mot est aussi difficile que de demander pardon.

J'invite chacun de mes clients et chacun de vous à faire preuve de gratitude envers la Vie. Même si elle n'est pas toujours facile et parfois même terrible à vivre, elle est tout de même faite de belles choses, de choses simples. Prendre quelques instants pour se concentrer, se recueillir et remercier la Vie me semble un acte simple aux vertus bienfaisantes. Dire merci à la Vie, c'est reconnaître son pouvoir bienfaiteur et créateur.

Il est également important de savoir se remercier soi-même pour s'être autorisé à se créer ou à saisir une opportunité. Il faut faire preuve d'un certain courage pour se laisser le droit de vivre de nouvelles expériences !

Il est également salvateur de faire un travail de gratitude vis-à-vis des personnes qui nous ont forcé à nous confronter à des difficultés que nous avons surmontées. Les personnes qui nous ont fait du mal sont d'exceptionnels enseignants même s'il s'agit d'individus que nous détestons. Il est important de garder à l'esprit que tout le monde vit avec une vision des choses qui lui est propre et qui est constituée de ses propres peurs, de ses propres angoisses et de son propre chemin de développement psychologique. Nous avons tous une vérité différente. L'attitude désagréable de certaines personnes les renvoie à leurs propres manquements, aux erreurs qu'ils ont pu commettre.

Les relations émotionnelles entre êtres humains relèvent d'un jeu de ping-pong perpétuel tant dans notre communication, que dans l'image que l'autre nous renvoie, ou que nous lui renvoyons.

Il me paraît évident de nous poser une question essentielle : « *Si je suis tant déstabilisé par l'autre, qu'est-ce que cela m'apprend de mes propres nœuds intérieurs* ? » Lorsque nous éprouvons des émotions négatives fortes face à quelqu'un, c'est parce qu'il éveille en nous le souvenir d'une peur ou d'une situation angoissante ancrée. Elles sont le témoin de nœuds intérieurs qu'il est important de chercher à dénouer. Si nous ne prenons pas la peine de nous pencher sur ces questions profondément personnelles afin d'en prendre pleinement conscience, de changer notre vision des choses et notre comportement, jamais nous ne les réglerons ! Les mêmes situations se répéteront encore et encore, de manière cyclique, jusqu'à ce que nous intégrions pleinement ces leçons de vie.

Personnellement, ces expériences m'apprennent énormément de qui je suis. Quand je rencontre une situation difficile, j'enveloppe l'Autre sur un autre plan avec beaucoup d'Amour. Sans rancune. J'essaie de ne pas rentrer dans une émotion négative, prendre conscience de ce qui résonne en moi, mes veilles blessures afin de les transformer.

Savoir remercier, même en prière, ses « *ennemis* » des comportements ou des paroles dont ils se sont rendus « *coupables* » permet de « *lâcher* » cette expérience malheureuse et de poursuivre son chemin plus léger non seulement pour soi mais aussi pour l'Autre.

**MERCI**, ce simple mot, a le pouvoir d'apaiser le corps, l'âme et l'esprit.

### *S'adresser directement à soi*

Même s'il est vrai que nous n'y sommes pas habitués, le dialogue que nous entretenons avec nous-même a une influence considérable sur nos vies. Je ne peux que vous encourager à devenir votre meilleur ami, afin que la vie que vous méritez prenne justement vie. Idéalement, il est nécessaire de prononcer des affirmations positives à haute voix, pour les imprégner dans notre subconscient. Nous pouvons, par exemple nous dire :

*« Tout est possible », « Je crois en moi », « Je mérite de réussir », « Je mérite un amour inconditionnel », « Je suis capable de tout, pour moi et pour les autres », « Je vais montrer au monde à quel point je suis unique et extraordinaire », « J'incarne le changement que je souhaite voir dans le monde », « Je m'engage à faire tout mon possible pour que mes rêves se réalisent ».* À vous de trouver quelles autres affirmations vous feront du bien. C'est en forgeant que l'on devient forgeron, alors ne vous découragez pas si l'effet n'est pas instantané.

## L'art de la confrontation dans la justesse

Parler, discuter de ce que l'on pense, de ce que l'on ressent dans un échange équilibré est une chose. Néanmoins, dans la vie les accrochages verbaux, les disputes et les conflits sont inévitables même pour ceux qui passent leur vie à les fuir.

Éviter les conflits peut momentanément donner un sentiment de sécurité en se protégeant d'une instabilité, mais cette attitude n'est ni juste ni claire. Elle est guidée par l'angoisse de perdre pied dans la discussion, par la peur de l'énervement de l'autre. Il s'agit de l'attitude typique de personnes qui vivent dans le non-dit, qui n'arrivent pas à faire face.

*Telle est l'histoire de Miranda. Elle créait dans sa vie des difficultés en raison de son incapacité à s'exprimer clairement, à assumer sa part de responsabilité vis-à-vis de son compagnon dont elle avait peur. À chaque fois qu'elle venait me voir, elle se plaignait de lui, de son comportement misogyne, dépensier, colérique, etc. Elle vidait son sac mais dès qu'elle rentrait chez elle, accédait à tous ses caprices. Un jour, elle est m'a téléphoné pour prendre conseil : il souhaitait qu'elle emprunte, à son nom, plusieurs milliers d'euros. Devait-elle accéder à sa demande ? Jamais je ne me permettrai de dire à mes clients ce qu'ils doivent faire, mais je les aligne énergétiquement pour qu'ils puissent y voir un peu plus clair et prendre leur décision dans leur libre-arbitre.*

*Le lendemain, le couple a débarqué chez moi. Lui, était furieux. Il voulait en découdre. J'ai compris qu'en rentrant à leur domicile, elle avait répondu « non » à sa demande, sans assumer la responsabilité de sa décision mais en la rejetant sur moi. « Anita, m'a dit que... ».*

*J'ai été profondément peinée en découvrant, qu'elle n'essayait même pas de rétablir la vérité, qu'elle le laissait m'insulter, me traitant de gourou et qu'elle surenchérissait comme si l'attitude de son compagnon était juste.*

*Pas plus tard que le lendemain, Miranda a voulu reprendre rendez-vous. J'ai refusé en lui disant que tant qu'elle ne ferait pas l'effort d'être claire dans les décisions qui lui appartenaient je ne la recevrais plus. Je savais cependant qu'elle aurait encore des choses difficiles à traverser à l'avenir, aussi je ne lui ai pas totalement fermé la porte.*

L'important est de discuter même en se disputant. Les colères se manifestent, s'expriment puis s'expulsent. Il est sain d'échanger ses opinions avec véhémence lorsqu'elles nous tiennent à cœur. Toutes les disputes ne dégénèrent pas. Elles commencent par des jets de fureur puis, petit à petit, se décantent, jusqu'à ce qu'un terrain d'entente finisse par apparaître.

Lors d'une dispute, l'une et l'autre partie, tour à tour, se pique et se renvoie la balle. Lorsque la discussion s'envenime et que le ton monte, le réflexe de tout Homme est de se braquer dans son ego et d'enfiler le masque de la blessure d'enfance (THÈME 2 LES ÉMOTIONS) qui est réactivée dans cet échange. Si cette réaction est instinctive, elle mène rarement à une issue constructive.

Partant de ce principe, je préconise de lutter contre cet instinct primaire.

***C'est la satisfaction des besoins de votre Être profond qui doit motiver vos échanges pour qu'ils soient justes et non votre ego.***

Face à une discussion qui s'envenime vous avez deux options:

> Renvoyer la balle à votre interlocuteur
> Laisser la balle passer pour qu'elle disparaisse

Il est toujours préférable d'ajuster sa réponse à l'ampleur de l'agression et ne pas chercher à faire monter inutilement le ton. Vous comprendrez que la faille de l'« agresseur » réside bien souvent dans la manière qu'il a d'agresser. Une réponse mesurée, proportionnée selon la circonstance et formulée clairement et calmement renverra votre interlocuteur face à sa propre agressivité. Il ne faut pas oublier non plus que **beaucoup de personnes usent d'agressivité pour pallier à leur peur d'être incompris,** à leur manque de vocabulaire pour exprimer ce qu'ils ressentent précisément.

## Reconnaître les sentiments de ses proches. Savoir s'excuser...

Si, lors d'une joute verbale, vos paroles dépassent vos pensées, n'ayez pas honte de présenter des excuses. Vous savez, dans ce livre, je souhaite vous faire part de méthodes que j'ai éprouvées pour améliorer votre rapport aux autres. Évidemment, je ne suis pas toujours aussi calme qu'un grand maître bouddhiste. J'ai, comme tout le monde, des emportements, des réactions parfois volcaniques et disproportionnées, surtout lorsqu'il s'agit de mes enfants. Je suis humaine comme chacun de vous.

*Personne n'est parfait — Quand les mots dépassent nos pensées*

Si je réalise que je suis allée trop loin, je ravale mon ego et **je m'excuse de mon excessivité**. Tout le monde est en mesure de comprendre que les mots peuvent parfois dépasser notre pensée, mais nous ne pouvons demander aux autres d'être dans une telle ouverture d'esprit sans commencer par présenter ses excuses et reconnaître qu'on a été injustement blessant.

Bien entendu, dans la vie de chacun, certaines prises de becs sont justifiées par des situations ou circonstances réelles dans la matière. Dans la même logique que précédemment, si vous souhaitez restaurer une communication harmonieuse avec quelqu'un qui formule des griefs précis à votre encontre, il est primordial de mettre votre ego de côté et de savoir reconnaître vos erreurs et votre part de responsabilité. **Tout le monde a le droit de commettre des erreurs mais a aussi le devoir de les reconnaître** sans chercher absolument à se soustraire à ses responsabilités ni à toutes les endosser. En général, même l'interlocuteur le plus énervé au monde, comprendra qu'il s'agit d'un premier pas vers l'apaisement. Après tout, ne dit-on pas qu'une faute avouée est à moitié pardonnée ?

### Il n'est jamais trop tard pour exprimer ses regrets

***« Oui, je t'ai fait mal. Je reconnais ta souffrance, ta peine, ta colère. Je vois que mon attitude t'a blessé et je m'en excuse. »***

#### *Proscrire les excuses froides et sans âme*

« *Pardon. C'est bon, je me suis excusé, tu es content maintenant ?* ». Ce type d'excuses qu'on se jette à la figure est aussi destructeur qu'une insulte. Elles laissent chacun dans sa solitude et sa colère. Ces excuses-là ne réparent pas. Ces excuses-là ne rapprochent pas.

Elles nous blessent un peu plus, creusent le fossé de l'incompréhension, du non-dit, du rejet de nos émotions. La souffrance n'a pas été entendue, reconnue. Elle a été balayée d'un geste, d'un mot, d'un simple « pardon » sans intention.

Un pardon forcé ne répare pas l'offense et laisse tout le monde amer.

Les vraies excuses sont tournées vers l'autre, vers celui qui a été blessé.

Seules des excuses sincères tenant compte de la souffrance infligée à autrui peuvent conduire à un authentique pardon.

Parce que le secret du pardon, c'est l'empathie. Se mettre à la place de l'autre, reconnaître son ressenti, son émotion, sa souffrance.

Sans empathie, les excuses ne valent rien. Pardon, n'est pas un mot magique qui annulerait l'effet de nos actions.

« Je te fais mal, je m'excuse, un « pardon » et je peux recommencer ».
Il n'y a aucun apprentissage, aucune prise de conscience, aucun changement.

Arrêtons les justifications sans fin qui ne servent qu'à se déculpabiliser soi-même, à nous éloigner au maximum de notre responsabilité. Assumons notre rôle dans l'histoire, même si notre intention n'était pas de blesser l'autre, même si on ne l'a pas fait exprès. Parce que chacun est responsable de la relation à 50 %. Bien sûr qu'on a le droit de se donner des circonstances atténuantes, d'expliquer la situation, de donner sa version. L'empathie s'apprend, pour nos enfants et surtout pour nous.

### *Des excuses à la hauteur*

« Ça va, c'est pas si grave, on ne va quand même pas en faire toute une histoire ! » Pour être honnête dans notre demande de pardon il faut avoir pris la mesure de l'offense, ne pas la minimiser, ne pas la sous-estimer et surtout ne pas la ridiculiser.

Notre attitude, nos actions, nos paroles engendrent des réactions chez l'autre. Ces réactions lui appartiennent. Elles parlent de lui, de son vécu, de sa façon de voir les choses, de sa carte du monde. Son émotion, même si elle nous paraît démesurée ou incompréhensible, est valable et respectable. Nous n'avons pas à la juger, juste à l'accepter.

Et parfois, les excuses ne suffisent pas. Il faudra trouver un moyen de réparer ce qui a été brisé d'une manière ou d'une autre. Parfois, il faudra du temps. L'autre doit pouvoir être libre d'accorder ou de refuser son pardon. Nous devons accepter que nous avons dépassé les bornes.

***Le meilleur des compromis : « je ne suis pas parfait et toi non plu. »***

## Il n'est JAMAIS trop tard pour changer sa façon de communiquer.

Souvent dans notre humanité, nous considérons des situations comme acquises. Nos peurs, notre crainte de ne pas être légitime, de ne pas être compris, de perdre une relation nous poussent à considérer que nos relations sont gravées dans le marbre.

Pourtant, lorsque notre communication change, les gens autour de soi évoluent.

C'est l'étonnant constat qu'a pu faire Mireille.

*Depuis plusieurs années, son moral était régulièrement miné par une relation tendue et conflictuelle avec son voisin. Leurs dialogues n'étaient que reproches. Elle se sentait sans cesse observée, jugée et critiquée. En consultation, j'ai pu l'aider à comprendre pourquoi l'attitude de ce voisin la touchait à ce point. Inconsciemment, elle confondait cet homme avec son père. Ainsi, chacune de ses remarques, chacun de ses regards réprobateurs, réactivaient les blessures d'enfance de Mireille qui, du coup, surréagissait. Cette prise de conscience a été pour elle, le point de départ d'une remise en question.*

*Afin de l'aider à prendre plus de recul face à l'attitude de ce voisin et ainsi trouver la voie de l'apaisement, je lui ai conseillé deux exercices simples à réaliser dans l'ordre :*

— ***expulser sa colère pour la rendre à l'univers et la transmuter en énergie d'amour.*** *Pour cela je lui ai suggéré de se procurer quelques allumettes. À chaque fois qu'elle ressentait de la colère vis-à-vis de cet homme, je lui proposais de la projeter sur ces bâtonnets de bois avant qu'elle ne s'ancre pas en elle, puis de réduire les allumettes en cendres.*

— ***envoyer de l'énergie positive d'amour*** *(« Ho'oponopono ») à son voisin en s'accordant des moments de calme pendant lesquels je lui proposais de penser à cet homme en formulant avec son cœur, et non son mental, des mots simples, « je suis désolée, je te pardonne, merci de m'aider à progresser humainement, je t'aime ».*

*Je ne vous cache pas que Mireille était très dubitative en quittant mon cabinet. Elle n'était pas tout à fait prête à lâcher-prise et à assumer sa part de responsabilité quant à cette relation difficile. Installée dans une posture de victimisation, elle devait s'en extraire pour pouvoir faire ce « premier pas ».*

*Quelques mois plus tard, elle est revenue me voir guillerette. Elle m'expliqua, que face à une situation qui s'aggravait, elle s'est rappelé mes conseils. Tentant le tout pour le tout, elle les a mis en pratique.*

« La première fois, une intense colère est montée en moi tout d'un coup tout ». *Effrayée, elle a stoppé l'exercice. Malgré ce premier échec, elle a retenté l'expérience quelques jours plus tard.* « Cette fois, je me suis sentie apaisée ». *Mireille est ainsi parvenue à transformer son énergie de colère en énergie de lumière. Sa façon de penser s'est ajustée et depuis, elle ne se laisse plus toucher par l'attitude de son voisin et au contraire lui sourit sans rien attendre en retour. Et puisque les actions qu'elle a ainsi posées ont transformé l'énergie, désormais, lorsqu'il la croise, il lui dit bonjour. Un geste de politesse qui jusque-là était inconcevable.*

À tout moment, nous avons la possibilité de nous réapproprier nos relations en déséquilibre et de donner un nouveau souffle à nos liens sociaux. Pour y parvenir, il suffit de garder à l'esprit l'idée que « *ce qui est dans mon intérêt, bénéficie à mon groupe.* » Je constate à longueur de temps, à quel point mes clients sont nombreux à être malheureux de ne pas passer assez de temps avec leurs proches ou à regretter de ne pas avoir suffisamment été présent pour leurs disparus.

Se retrouver, échanger sur ses difficultés aide à se sentir mieux. Parler, expulse une partie de la lourdeur des émotions hors de notre corps et de notre esprit. Et, cerise sur le gâteau, le point de vue extérieur de notre interlocuteur peut nous permettre d'envisager nos soucis sous un autre angle, de relativiser un peu.

***Ce qui nous relie en tant qu'être humain est plus important que ce qui nous différencie.***

## Communiquer harmonieusement avec sa famille

« *On peut facilement casser une brindille, mais si on en fait un fagot, on aura beau essayer de le briser de toutes ses forces, on n'y arrivera pas* ». Ce fagot, c'est la famille. Le lien familial est résistant. Que l'on soit le vilain petit canard, que l'on vive très loin ou que notre présence aux réunions familiales se borne aux mariages et aux funérailles, nous serons toujours l'enfant de nos parents, nous ferons toujours partie de notre fratrie. Que nous le voulions ou non, nous portons notre famille dans nos gènes, dans notre mémoire (Cf. THEME 8), dans nos pensées.

Qu'avons-nous de commun avec chacun des membres de notre famille proche ? Partageons-nous une certaine compréhension de la vie ? Compréhension de notre relation ? Quels sujets sont délicats à aborder ? Quelles questions sont à éviter ?

Parfois, les relations familiales tiennent grâce à un équilibre fragile. Les relations avec notre clan familial peuvent ne pas être simples. Bien entendu, dans les familles où la communication est possible, la parole peut être franche et spontanée. On ne mâche pas ses mots, on dit ce qui doit l'être. Avec nos parents, nos frères et sœurs, nous nous permettons des états de colère, des crises de pleurs, des gestes brusques parfois que nous ne nous autoriserions peut être pas avec un ami, un compagnon ou un collègue.

Comme nous l'avons abordé plus haut, par manque de communication, nos relations familiales peuvent aussi facilement s'envenimer. Il suffit parfois qu'une situation totalement banale, interprétée de manière différente par deux personnes, dégénère en disputes et en ruminations !

La bonne nouvelle, c'est qu'en prenant conscience de cet état d'être en ouvrant son chakra du Cœur, nous pouvons travailler à les améliorer.

### *Parents*

En général, il y a toujours de l'amour entre parents et enfants. Parfois il prend des visages étonnants, des formes maladroites, se dissimule, mais l'amour est là.

Le problème pour nous tous, c'est que, même devenus adultes, la plupart d'entre nous se ressentent mal-aimés, sans doute parce que l'amour des parents est, presque toujours inquiet et contrôlant. « *Pourquoi tu ne m'as pas demandé conseil ? Tu aurais dû faire telle ou telle chose différemment !* ».

Les parents se soucient de leurs enfants, plus que quiconque au monde. Ils voudraient toujours ce qu'il y a de mieux pour eux mais sont parfois maladroits, voire très maladroits lorsqu'il s'agit de le dire ou de le faire savoir. Il est très délicat pour des parents de trouver le juste équilibre entre soutenir et laisser libre. De cette dissonance, naissent souvent les conflits.

En général, les disputes familiales éclatent quand des changements importants se profilent dans la vie des enfants (mariage, divorce, *coming-out*, changement de carrière professionnelle, etc.), lorsqu'ils font des choix qui les détournent de l'idéal que les parents projetaient sur eux. D'autant que souvent, les conflits ouverts s'expriment dès lors que ces choix s'affichent au grand jour (famille élargie, voisinage, entourage de tous bords). Dans ces cas-là, les critiques fusent dans le but de dissuader l'enfant d'aller au bout de son projet, des loyautés, troubles et problématiques réapparaissent. D'autres alliances se créent (avec les frères et sœurs, les beaux-frères et belles-sœurs, les oncles et tantes, etc.) désignant les moutons noirs et les sauveurs. Dans ces cas-là, la pression de groupe peut être absolument terrible à vivre !

*C'est le douloureux parcours traversé par Ersin, un jeune homme issu de la communauté turque qui est tombé fou amoureux de Lenni, une Allemande. Lorsque je l'ai rencontré, il était en pleine tourmente. Il venait de parler de sa petite-amie et de leur projet de mariage à ses parents. Traditionalistes, ils étaient totalement contre. Afin de le faire changer d'avis, ils ont missionné ses frères et sœurs, ses cousins, ses oncles et ses tantes afin qu'ils fassent pression sur lui. Cette déferlante était absolument terrible à vivre pour Ersin qui se sentait soudainement rejeté et mal-aimé par tous.*

*Bien décidé à partager le reste de sa vie avec Lenni, il a fait ses bagages et a pris la douloureuse décision de couper les ponts avec toute sa famille. Il s'est installé avec sa fiancée, ils se sont mariés et ont eu un enfant. Un jour, par hasard, Ersin a rencontré un ami d'enfance qui lui a appris que son père était gravement malade. Sur les conseils de sa femme, il a envoyé une lettre à ses parents à laquelle il a joint des photos de leur petit-fils. Après plusieurs semaines, ils lui ont répondu en l'invitant, ainsi que Lenni et leur enfant, à venir partager un repas familial.*

*Lors de ce déjeuner, la glace a été brisée. Les parents d'Ersin ont « laissé sa chance » à Lenni et ont partagé leur souhait de voir grandir leur petit-fils. Cet effort de leur part a permis à Ersin de dépasser sa blessure de rejet. Aujourd'hui, ils sont conviés aux réunions familiales et tous partagent de belles choses et se créent pour l'avenir de beaux souvenirs.*

Je répète toujours la même chose à mes clients confrontés à la réprobation du clan : exposez votre point de vue et vos arguments clairement de manière à lever le voile sur toutes les inconnues puis, quelles que soient les réactions, arrêtez d'attendre de vos parents ce qu'ils ne peuvent pas vous donner — plus d'attention, plus d'approbation.

***Faite ce que vous estimez être bon pour vous, ce qui vibre en vous, même si cela ne plaît pas à votre clan. Nous sommes libres de tracer notre chemin, mais nous ferons toujours partie de notre famille.***

Lorsqu'il s'agit de nos relations avec nos parents nous sommes toutes et tous aux prises avec des forces contraires. D'un côté, nous sommes irrésistiblement attirés par l'attraction du clan familial qui voudrait nous garder auprès de lui et d'un autre côté nous aspirons tous à nous émanciper pour construire notre propre existence. L'essentiel, pour vivre heureux en famille est d'avoir conscience de ce qui se joue et d'entretenir une communication ouverte, même s'il subsiste des désaccords.

*Pour ma part, j'ai toujours pu compter sur le soutien de mes parents, même s'ils ont pu être parfois maladroits. Je veux pouvoir être moi-même, mais j'ai aussi besoin qu'ils me disent qu'ils m'apprécient telle que je suis.*

### Le poids des attentes

De la pression permanente aux souhaits tout juste chuchotés, en tant qu'enfant nous savons très bien quelles sont les attentes de nos parents vis-à-vis de nous individuellement, mais également de nos éventuels frères et sœurs. De l'enfance à l'âge adulte, nous sommes tous autant que **nous sommes dotés d'antennes qui captent parfaitement les désirs de nos parents.**

J'ai souvent constaté au sein de mon cabinet, à quel point les attentes démesurées que les parents projettent sur leurs enfants, handicapent ces derniers tout au long de leur vie. Qu'il s'agisse d'une mère qui vit son rêve de concours de beauté à travers sa fille ou du fils qui s'inscrit en fac de médecine uniquement parce que son père et son grand-père avant lui en sont sortis diplômés.

Notre enfant intérieur ne souhaite qu'une chose : voir de la fierté dans les yeux de nos parents.

Ce que je constate séance après séance, c'est que l'enfant est prêt à tout pour ça, même à piétiner ses propres envies.

C'est l'histoire particulière et révélatrice, de Christian.

*Christian a été adopté à l'âge de quatre ans par des parents qui avaient perdu un enfant. Sur ce point, ses parents ont toujours été honnêtes avec lui. Inconsciemment sans doute, Christian s'est donné pour mission de correspondre, à ce qu'il pensait être leur idée de l'enfant idéal. Ainsi, il s'est efforcé d'être quelqu'un d'autre. Dès l'enfance, il s'est mis à prendre du poids, beaucoup de poids, au point de frôler l'obésité. Ce paramètre a, au fil des ans, pesé sur ses rapports aux autres. Christian a énormément souffert du jugement des autres. Une souffrance née de réflexions déplaisantes d'une part et de l'idée qu'il se faisait du jugement des autres sur son corps d'autre part. Cette lourdeur relationnelle a fait naître en lui un sentiment d'oppression qui n'a fait que s'intensifier au fur et à mesure des années. Il l'empêchait de communiquer en toute justesse. Christian n'assumait ni son identité, ni ses émotions et pensées profondes. Il s'interdisait d'être lui-même. Il a été un adolescent, puis un jeune adulte, intelligent mais extrêmement renfermé et complexé. Un jour, il a rencontré son premier amour : un autre garçon. La découverte de son homosexualité a été une véritable épreuve pour lui.*

*Dans son schéma de pensée, cette orientation sexuelle ne correspondait pas du tout à « l'enfant idéal » de ses parents adoptifs. Ainsi, il a gardé cette relation secrète, tout en faisant croire à ses parents qu'il était « parfaitement » hétérosexuel mais simplement célibataire éternel. Christian ne se donnait pas le droit de vivre sa vie. Même si ce garçon était son premier véritable amour, leur relation clandestine était difficile. Une communication toxique s'est installée entre les deux jeunes hommes. Christian, qui avait toujours vécu sous un masque, avait pris pour habitude de s'oublier, de nier sa nature profonde pour correspondre à ce qu'il supposait être les attentes des autres. Qu'est-ce que tout être humain ne ferait pas pour être aimé ? Son compagnon, avec qui il entretenait une relation de soumission, en a profité pour le modeler, l'annihiler, le dévaloriser. Lorsque son amant a mis soudainement un terme à leur relation, Christian a perdu pied.*

*Comment comprendre cette rupture après tous les efforts qu'il a fournis, toutes les couleuvres qu'il a avalées pour correspondre aux attentes de son compagnon ? La détresse profonde dans laquelle l'a plongé sa rupture a fini par réactiver la première de sa vie : l'abandon de sa mère biologique. La fin de cette première histoire d'amour a failli le détruire complètement. D'autant qu'il ne pouvait se confier sur son malheur puisque personne n'était au courant. Anéanti et seul face à son tumulte émotionnel intérieur, Christian a tenté à plusieurs reprises de mettre fin à ses jours. C'est à cette époque que je l'ai rencontré pour la première fois. Lorsqu'il est entré souriant dans mon cabinet, j'ai été immédiatement bouleversée par toute la souffrance qu'il dégageait. Je le sentais sur le fil du rasoir, suicidaire malgré sa posture enjouée de politesse. Ensemble, nous avons immédiatement travaillé sur ses blessures d'enfance. C'était là que, pour moi, se trouvait la clef. Séance après séance, Christian a fini par comprendre quel était le système destructeur qui le rongeait de l'intérieur.*

*Le problème, comme pour beaucoup d'autres personnes, n'était pas tant les autres que son manque d'estime de soi. Christian ne s'aimait pas. Pas du tout. Dès lors que le « diagnostic » était posé, Christian a pu commencer à travailler efficacement sur lui. Il s'est connecté à son moi profond. Il s'est enfin accordé le temps de découvrir qui il était sous la pile de masques dont il s'était affublé. Il a identifié ses besoins profonds et a commencé à communiquer avec vérité. Bien entendu, ce cheminement a été difficile, douloureux. Il était question pour Christian de faire le deuil d'un schéma de communication faussé dont il avait pris l'habitude depuis l'enfance. Un parcours jalonné de prises de conscience, de mouvements de recul puis de bonds en avant.*

Ce cheminement, il le poursuit encore aujourd'hui, quatre ans après notre première rencontre. Je ne le répéterais jamais assez mais vivre en harmonie avec soi et avec les autres est le travail de toute une vie.

*Grâce aux efforts qu'il a enfin concentrés sur lui et sur sa croissance personnelle, Christian s'est libéré du poids qui pesait depuis toutes ses années sur ses épaules et par là-même du poids physique qui le complexait tant. Ainsi, il a maigri et changé de voie professionnelle. Désormais bien dans sa peau, en harmonie, il excelle dans son travail mais ne compte pas pour autant s'arrêter en si bon chemin.*

*En se rencontrant, un autre défi de taille a fini par s'imposer à lui : faire son coming-out et assumer au grand jour son orientation sexuelle. La plus grande difficulté concernant ce paramètre précis de sa vie était d'avouer sa vraie nature à ses parents adoptifs. Persuadé que cette nouvelle allait détruire l'image de l'enfant idéal qu'il s'était échiné à construire, il se sentait incapable d'affronter seul ses parents et surtout sa mère. Il s'est fait des montages de cette inévitable confrontation. Il m'a demandé de jouer le rôle d'intermédiaire pour lui faire comprendre le message. J'ai accepté, car son cas particulier m'avait énormément touché. En effet, depuis notre rencontre, il avait pris l'habitude d'offrir à sa maman, à chaque Noël, une séance avec moi. C'est à l'occasion de l'une d'elles que j'ai annoncé la nouvelle à sa mère. Elle n'a pas été plus surprise que cela. Ouverte d'esprit, tout comme son époux, elle a accepté la nouvelle sans difficulté. Elle était bien consciente que son fils était malheureux. Pour eux, comme pour la plupart des parents, l'essentiel était qu'il soit heureux et bien dans sa peau. Cette révélation a totalement relancé la communication entre Christian et ses parents. Désormais, ils sont, tous trois, en mesure d'échanger avec honnêteté et franchise sur tous les aspects de leurs vies.*

*Fort de cette nouvelle énergie bienfaitrice, Christian a enfin rencontré un compagnon avec qui il partage une relation équilibrée. Aujourd'hui, grâce à cette expérience à l'enrichissement incommensurable, Christian aspire à aider les personnes en difficulté émotionnelle à trouver leur chemin en se donnant le droit d'être qui ils sont et en particulier les personnes en surpoids important. Selon ses propres termes : « grâce à ma propre expérimentation, j'ai trouvé ma mission de vie. » Pour l'accomplir, il suit depuis peu les enseignements de Lise Bourbeau.*

### *Face à un silence de plomb*

Parler régulièrement en famille est important bien que ce ne soit pas toujours très naturel. Souvent, le moment du repas est propice aux dialogues intrafamiliaux. Si les aristocrates grecs et romains de l'Antiquité organisaient de véritables joutes oratoires lors de banquets, pendant des siècles, au sein des familles on ne faisait pas grand cas des émotions et jusqu'au XIX$^{e}$ siècle, dans les foyers paysans français, les membres d'une même famille ne mangeaient pas autour de la même table. Les femmes servaient les hommes, puis s'installaient près de la cheminée pour prendre leurs repas et répondre aux demandes éventuelles.

Plus récemment, les femmes ont « conquis » le droit de prendre place à table pour écouter et parfois participer aux échanges verbaux longtemps dominés par les idées et les choix du chef de famille. Les femmes et les enfants se gardaient bien de partager leurs points de vue.

*Notre mémoire transgénérationnelle porte toujours les stigmates de ces époques. Nous avons hérité, de cette difficulté de parler à nos proches. C'est pourquoi aujourd'hui encore certaines familles sont incapables de communiquer.*

Dans des circonstances normales nous pouvons tabler sur la sécurité, l'acceptation, la reconnaissance ainsi que la confiance de nos parents. Avec eux, nous devons pouvoir exprimer notre personnalité et recevoir suffisamment de soutien pour être poussé en avant.

Malheureusement ce portrait n'est pas réaliste pour de très nombreuses personnes. Souvent pour mes clients, qui vivent très douloureusement cette situation.

Il est fréquent qu'ils aient eu des parents, dont l'enfance avait été blessée (psychologiquement comme physiquement) et qui n'ont pas appris à être tendre ou proche avec les enfants. Je parle ici des familles où l'on ne se parle pas ou très peu. Il peut s'agir d'un foyer ou l'un des parents exerce une domination sur la maisonnée. Cette attitude forge des adultes en détresse émotionnelle qui éprouvent de grandes difficultés à accueillir et à lâcher leurs émotions familiales. Ces personnes sont généralement celles qui ont le plus de difficulté à trouver leur place dans leur famille, leur travail et leur vie sociale, car leurs besoins fondamentaux ne sont pas comblés.

Dans ce type de cas de figure, je conseille à mes clients d'**ajuster leurs espérances**. C'est la meilleure des choses que l'on puisse faire si le dialogue est impossible. Il faut malheureusement se libérer de son jugement sur l'autre et accepter la situation ou tout simplement s'en aller et couper quelque temps les ponts. Cela ne veut pas dire partir pour toujours, mais s'éloigner d'un environnement familial étouffant pour reprendre son souffle et relativiser en prenant du recul sur les événements et en considérant, en aparté, le point de vue des différents protagonistes.

Ce dialogue avec soi-même est nécessaire pour la résolution d'un conflit familial. Sans cela les débats n'avancent pas.

Bien sûr, notre famille est fondamentale et les attentes que nous mettons les uns sur les autres lui donnent un sens. Elles en sont le moteur. Simplement, parfois, nous nourrissons trop d'attentes et cela nous rend malheureux au point d'en éprouver une douleur émotionnelle très aiguë.

Nous fantasmons nos proches et leur reprochons ensuite de ne pas correspondre à l'idée que nous nous en faisions. Ce n'est pas juste.

***Pour chacun de nous***

***La quête du juste milieu est essentielle. Nos choix ne doivent pas dépendre de qui que ce soit.***

En gardant cela à l'esprit nous pouvons nous épargner bien des déceptions.

### *Frères et sœurs*

Une amitié peut se briser, un couple peut se séparer, mais l'ex-mère, ex-père, ex-frère et l'ex-sœur n'existent pas. Même si certains ont coupé les ponts avec leur famille, ils en font et en feront toujours partie.

Heureusement les rapports entre frère et sœur sont bons ou du moins correct, la plupart du temps. Toutefois, même au sein d'une fratrie aux relations saines, l'**équilibre entre « donner et recevoir »** n'est pas toujours facile à trouver ni à maintenir. Difficilement quantifiable, il peut même facilement se montrer instable. Tout dépend des circonstances du moment, des situations rencontrées. Il est nécessaire de se demander comment chacun des frères et sœurs vit la répartition des rôles au sein de la famille. Je ne saurais que trop vous conseiller d'**être ou de devenir flexible** avec vos parents et vos frères et sœurs. Dans une relation harmonieuse et juste, chacun doit pouvoir exprimer ce qu'il est et changer de rôle quand bon lui semble. Par exemple, quelqu'un peut être la seule personne de la fratrie à s'occuper d'un parent âgé et s'en satisfaire. À un moment de son parcours, il est possible qu'elle ne s'y retrouve plus. Dans ce type de cas, des conflits peuvent éclater.

### *Le droit à la flexibilité dans ses rapports familiaux*

Au sein de notre famille nous incarnons souvent un personnage, l'arbitre ou le premier de la classe ou au contraire le fauteur de trouble. Ce rôle pose problème s'il est rigide voire figé. L'erreur que font beaucoup de personnes est de penser que leurs parents, leurs frères et sœurs ont une personnalité prédéfinie. Nous empilons tout un tas de fausse-vérités les uns sur les autres. Nous créons une image, un standard, un **stéréotype personnalisé** des personnes qui nous sont les plus proches et des relations qu'ils entretiennent entre eux, en dehors de nous. Ces vues de l'esprit s'opèrent en famille mais également entre amis, collègues, avec l'entourage au sens large.

« *Il est comme ceci. Elle pense comme cela. Elle est bordélique. Il est coléreux. Il boit trop de café. Elle a raté trois fois son permis* ». Tout cela crée une broderie qui fixe pour l'éternité la mémoire de cette personne fantasmée.

Ainsi, vous aurez beau, par exemple, devenir père de quatre enfants et diriger une société qui emploie vingt-cinq personnes, vous resterez éternellement « *le petit dernier de la famille* ».

Trouver sa place dans sa famille est difficile. D'autant qu'il faut être capable de se remettre en question et de s'ajuster en fonction des situations et de l'évolution propre de chacun. Pourtant observer et accepter les changements, ne pas rester enfermé dans un personnage est la meilleure chose que vous pouvez faire pour vous et pour l'équilibre de toute votre famille.

Pour entretenir des relations intrafamiliales saines, équilibrées, dans la justesse, il est nécessaire que chacun soit disposé à en discuter.

Au sein des noyaux familiaux la parole est généralement relâchée, bien plus qu'avec nos autres relations. Nous pouvons, avec nos parents et nos frères et sœurs, faire preuve d'une franchise absolue. Même si des accrochages peuvent semer le trouble. Même si certaines paroles dépassent le fond de la pensée, en famille beaucoup de choses finissent par couler, comme « *l'eau sous les ponts* ». Ce n'est pas un hasard si, bien souvent, nous affirmons pour justifier une dispute familiale que « *c'est la goutte d'eau a fait déborder le vase* ».

*Pour vivre une* ***communication familiale harmonieuse****, il suffit de parler, d'oser s'affirmer, d'être soi-même et surtout de discuter de ce qui ne va pas au moment où ça ne va pas, sans jugement de valeur,* **dans le respect de la position de chacun**.

Bien souvent, les conflits familiaux dégénèrent, car une goutte d'eau a fait déborder le vase, le contenant d'un malaise relationnel gardé trop longtemps à l'intérieur.

Ce type de situations arrive tout le temps, dans toutes les familles. C'est presque inévitable dans la mesure où une famille est composée de membres natifs ayant parfois des comptes à régler (cf. THEME 8) et de membres « rapportés », les conjoints des uns et des autres.

### *La fête pour apaiser les tensions*

Les fêtes de famille sont aussi indispensables que régénératrices pour tous les membres, proches et plus éloignés. Elles servent à créer des souvenirs et une histoire commune. Quelles que soient les oppositions, les animosités entre les uns et les autres, les fêtes de famille ressourcent, redéploient l'énergie du groupe familial, redistribuent parfois les cartes.

Nous l'observons tous à l'occasion d'anniversaires, pendant les fêtes de fin d'année, ou les fêtes religieuses de tous bords qui sont autant d'occasions « institutionnalisées » pour se retrouver. Ces jours-là, le stress et les tensions sont mis en sourdine et la détente peut être propice à la discussion. Une musique traditionnelle, des chants, des rires d'enfants, de bons petits plats, l'ambiance des fêtes de famille permet d'atténuer significativement les tendances agressives. À ces occasions, de vrais petits miracles de communication peuvent se produire. Des drames aussi. Comme le décrit si bien la psychopraticienne transgénérationnelle Juliette Allais « *les familles sont comme les icebergs. Elles ont leurs parties immergées et leurs courants souterrains* ».

Si les fêtes de famille peuvent être l'occasion de rapprocher des membres en conflit, il est évident que de vieilles rancunes, atténuées par une prise de distances au quotidien, peuvent également refaire surface avec la même « fraîcheur » qu'au premier jour. Ces retrouvailles de forces opposées créent des disputes, quasiment inévitables. Rien ne sert de chercher à tout prix à les éviter. « *Si nous souffrons d'une dent cariée, il faut bien la soigner pour ne plus souffrir* ». Cette image est transposable à la vie familiale. Nous pouvons crier fort au départ, mais plus la dispute avance, plus les arguments gagnent en nuance jusqu'à ce que les choses s'arrangent.

En famille, entre amis, il n'est pas toujours facile d'entamer une discussion, surtout lorsqu'il s'agit d'un sujet sérieux.

— Sachez où vous situer avec vos proches. Demandez-vous quel est votre rôle dans votre famille ? Quelles en sont les limites ?

— « *Je suis désolé si je t'ai fait de la peine* » peut être une excellente façon d'engager une discussion difficile. À condition que cette phrase soit prononcée avec spontanéité.

En général, dès lors que **chacun exprime sa colère, celle-ci passe et nous finissons un jour par en rire.**

Je ne saurais donc trop vous conseiller d'organiser davantage de retrouvailles de ce genre. Pourquoi se cantonner à l'anniversaire de la grand-mère ou au réveillon de Noël ? Diversifions les plaisirs. Il suffit souvent de peu de choses. Il n'est pas nécessaire d'organiser des banquets gargantuesques, coûteux, à chaque fois. Un café, une part de tarte partagés un dimanche après-midi peuvent largement suffire. Tout est possible, tout est envisageable, il suffit d'être imaginatif et surtout sociable pour offrir aux enfants, aux adultes et aux anciens la possibilité de partager du temps en dehors des conflits familiaux qui ne les concernent pas. Mettez vous-même en pratique cette idée, invitez vos proches et vous verrez que cette envie peut vite devenir communicative. Il faut toujours qu'un premier couple monte sur la piste pour ouvrir le bal ! Incarnez le changement que vous souhaitez.

## QUELQUES NOTIONS À GARDER EN TÊTE POUR PARFAIRE VOTRE FORCE DE COMMUNICATION

Se rendre compte que si quelqu'un a une vision différente de la vie, cela ne remet pas en cause notre propre intégrité.

Nous ne sommes pas là pour changer l'Autre mais éventuellement pour l'accompagner dans des transitions qu'il a choisi ou non d'opérer.

Ne pas hésiter à les remettre en place, à repositionner les choses afin d'aborder les conflits avec ouverture.

Ne pas se fermer à la vie sous prétexte que l'on est entouré de personnes fermées à toute communication.

Prendre conscience de la véritable définition d'une écoute empathique.

Respecter la vision des autres autant que la vôtre. Éviter toute forme de jugement de valeur.

*DES ASTUCES SIMPLES POUR INJECTER DE L'HARMONIE DANS VOS RELATIONS INTRAFAMILIALES*

— Retrouvons-nous régulièrement autour d'une table pour partager un moment, en laissant tomber les masques. Prenons le temps d'exposer nos opinions plus intimement. Cela aide à mieux comprendre son interlocuteur (parent, ami, connaissance)

Se parler est une attitude saine, la plus saine qui soit dans notre rapport à l'autre.

— Pour dénouer les situations tendues, organisez une entrevue individuelle décontractée, un verre, une promenade, etc. avec les personnes à qui vous souhaitez parler sérieusement. Cela peut souvent très facilement permettre de trouver un compromis à leur désaccord et renforcera votre relation.

— Observez le langage non verbal de votre interlocuteur. Un silence, un geste, une simple phrase peuvent suffire. Il faut surtout s'en contenter avec les personnes qui ont du mal à parler. L'intensité d'un regard peut en dire plus long que de grand discours !

**Des lectures inspirantes pour aller plus loin**

RUIZ, Miguel, *Les quatre accords toltèques*, Jouvence.
BODIN, Luc, *Ho'oponopono le secret des guérisseuses hawaïennes*, Jouvence.

## La méthode hawaienne du *Ho'oponopono*

*Ho'oponopono* est issu d'une très ancienne tradition Hawaïenne qui s'est transmise oralement de génération en génération. Cet « art » de vivre, cette philosophie se pratique pour aider à rétablir la paix en soi mais également pour rétablir la paix au sein d'une communauté, d'une famille minée par des problèmes relationnels ou des enjeux importants. Il permet d'apporter l'apaisement et la réconciliation en rétablissant l'équilibre par la médiation et le pardon mutuel. La pratique de *Ho'oponopono* consistait autrefois à se réunir sous la conduite d'un guide, d'un prêtre ou simplement d'une personne désignée par le groupe. L'assemblée réunie, le problème était exposé. Au cours de cette réunion, les discussions étaient entrecoupées par des temps de silence et des moments de prière. Au bout de quelques heures, voire de plusieurs jours, quand chacun avait reconnu sa propre responsabilité dans la situation conflictuelle, venait le temps du pardon et du repentir et c'est ainsi que chacun se libérait et retrouvait la paix.

Cet art ancestral hawaïen a été actualisé en 1976 par Morrnah Simeona qui fit la promotion de cette méthode aux États-Unis et en Europe où elle est morte en 1992. Elle adapta cette tradition de réconciliation et de pardon des anciens Hawaïens afin de l'adapter aux réalités sociales de notre temps moderne. Pour Mornah Simeona, le but principal de *Ho'oponopono* est de nous connecter à notre Divinité Intérieure. Cette connexion opère grâce à une demande constante de rectification de nos erreurs de pensée, paroles et actions (demande en pardon), ce qui permet la libération de nos mémoires du passé.

Morrnah Simeona explique ainsi le fonctionnement de *Ho'oponopono* :

*« Nous sommes la somme totale de nos expériences, ce qui revient à dire que nous sommes chargés de nos passés. Lorsque nous expérimentons du stress ou de la peur dans nos vies, si nous nous appliquons à voir avec attention, nous pourrions nous rendre compte que la cause est en fait une mémoire. Ce sont les émotions qui sont liées à ces mémoires qui nous affectent maintenant. Le subconscient associe une action ou une personne dans le présent avec quelque chose qui s'est produit dans le passé. Lorsque cela se produit, les émotions sont activées et le stress survient ».*

### *DEMANDER ET ACCEPTER DE L'AIDE : POUR UNE COMMUNICATION ET DES ÉCHANGES HEUREUX*

Nous sommes nombreux à préférer offrir notre aide qu'à en recevoir. Pourtant faire appel, de temps à autre, à quelqu'un peut engendrer des échanges positifs bénéfiques.

Même la personne la plus solide, la plus stable a besoin, par moments, de soutien. Ce n'est pas une faiblesse, c'est humain.

Certaines personnes sont réticentes à demander de l'aide, car elles craignent d'être un fardeau pour les autres. Or, l'autre n'hésitera pas à vous dire s'il n'est pas en mesure de vous aider, du moins au moment où vous formulerez votre demande.

### *La peur de perdre le contrôle*

Demander de l'aide suppose de surmonter quatre types de difficultés qui nous freinent :

Avoir besoin d'un coup de pouce revient à déléguer quelque chose à quelqu'un et de ce fait, perdre notre mainmise sur une situation.

Demander de l'aide, suppose de reconnaître que nous ne sommes pas capables de tout faire tout seul, un crève-cœur pour tous ceux qui ont toujours brillé par leur indépendance.

Obtenir de l'aide de quelqu'un crée un sentiment de redevabilité.

Formuler une demande d'aide, c'est **accepter la possibilité d'un refus**. Se retrouver confronter à un grand méchant « non » peut être vécu très douloureusement. Pourquoi ? Parce que, notre ego, nous persuade que si une personne refuse notre demande, ce « non » nous est adressé personnellement, en tant qu'individu. Cette réaction est typiquement humaine. Elle ne prend pas en compte le fait que la personne n'a peut-être tout simplement pas de temps, pas de place, pour notre requête au moment où nous la formulons.

### *Besoin d'appartenance*

« *Si tu veux aller vite, marche seul. Si tu veux aller loin, marche accompagné* ».

Ce proverbe africain illustre bien à mon sens l'idée que **solliciter du soutien ou une aide concrète, multiplie les occasions de rentrer en contact avec les autres.** Notre relation au monde, ainsi, s'approfondit et nous insuffle de la confiance.

Bien entendu, nous avons tous une partie de nous, notre ego, qui veut absolument réussir par lui-même. Cette réaction est souvent une résurgence de notre enfance, à l'époque où toute notre éducation était basée sur l'apprentissage de l'autonomie.

Pourtant, une autre partie de nous désire faire partie d'un groupe et savoir que les autres seront là quand nous en aurons besoin.

Réussir à surmonter notre peur du rejet et accepter de demander de l'aide peut être réellement salutaire. Reconnaître que nous avons parfois besoin d'aide nous rapproche les uns des autres.

N'oubliez pas que la personne à qui vous réclamerez du soutien peut interpréter votre requête comme un compliment. Faire appel à elle signifie que vous reconnaissez et appréciez ses compétences ou son point de vue.

De même, si quelqu'un vous propose son aide, acceptez-la, même si vous estimez pouvoir vous en passer. Vous verrez que vos liens n'en seront que plus resserrés.

*Comme tout le monde, quand je me sens seule et esseulée, je ne me donne pas toujours le droit de demander du soutien. C'est le cas notamment avec l'une de mes meilleures amies qui vit depuis quelque temps une nouvelle vie, faite de beaux voyages, avec un nouveau compagnon. J'ai parfois peur de la déranger dans son bonheur alors que j'éprouve un vrai besoin d'entendre ses paroles réconfortantes.*

*Pourtant, elle a toujours répondu présente et encore aujourd'hui me dit que c'est pour elle une joie de pouvoir partager du temps avec moi. J'ai conscience que c'est moi qui ai du* mal à lâcher mon auto-contrôle pour m'ouvrir, personnellement, davantage à l'autre.

### ***Force et sagesse***

Solliciter l'aide de quelqu'un peut, aussi, lui apporter une part de bonheur. Nous l'avons toutes et tous expérimenter à un moment ou un autre de notre vie, faire quelque chose pour quelqu'un crée une vibration dans notre cœur, nous procure un réel sentiment de bonheur. Cela donne du sens à notre existence, un but tout en nous permettant d'apprendre, d'évoluer, de nous lier aux autres.

J'ai, dans ma vie, régulièrement l'occasion de constater ce phénomène. En raison de mes problèmes de vue, je ne conduis pas. Aussi, si je souhaite aller en centre-ville faire des courses ou un peu de shopping, je suis tributaire des autres. Je n'ai pas d'autre choix que de demander à quelqu'un de m'accompagner. Bien sûr au départ, je n'étais pas très à l'aise à l'idée de « déranger » mes amis pour ça, mais le fait est que je n'ai pas d'autre choix. Finalement, je me rends compte, qu'à chaque fois que l'un ou l'autre de mes amis m'accueille dans son véhicule, un large sourire irradie son visage. Les quelques minutes de voyage en voiture sont propices aux échanges et discussions en tous genres. Demander ou apporter son aide développe souvent la profondeur de l'intimité entre deux individus. L'Aide rapproche. Lorsqu'on me redépose chez moi, je suis toujours galvanisée d'une humeur ravie. L'entraide, la solidarité que me témoignent mes amis me met toujours du baume au cœur, même dans les moments où l'existence est plus difficile à vivre.

Je suis persuadée que se faire aider permet de grandir. En recherchant du soutien, une assistance, d'une certaine façon nous prenons le contrôle de la situation. Nous ne nous y résignons pas. Nous ne restons pas passifs. Nous passons à l'action. Nous montrons que nous sommes conscients de nos capacités et incapacités. À mon sens, réagir ainsi c'est faire preuve de sagesse et de force. Reconnaître que je peux être vulnérable sous certains aspects et que je peux avoir besoin d'un coup de pouce, signifie que je suis plus ouverte au reste du monde et qu'ainsi, d'une certaine manière, je deviens une meilleure personne.

Dans mon cabinet, je vois souvent des personnes qui refusent catégoriquement le soutien d'autrui. Que ce soit par obstination, par peur ou par fierté, elles ont toutes un point commun : elles s'épuisent. Nous pouvons avoir l'impression que la liberté ultime c'est de n'avoir besoin de personne, alors qu'à un moment donné ou un autre de notre existence nous pouvons avoir besoin les uns des autres.

### *Lâcher prise*

Qu'il s'agisse de demander de l'aide ou de déléguer, ce qui compte vraiment c'est de parvenir à lâcher prise : à propos de la manière dont les choses doivent être faites, de notre sens des responsabilités ou de notre indépendance supposée.

Lâcher prise est sans doute la chose la plus difficile à faire dans ce processus. C'est l'étape, en réalité, la plus effrayante pour chacun de nous. Pourtant, il est essentiel d'apprivoiser cette crainte pour démarrer des échanges fructueux, justes et équilibrés.

« *Peux-tu m'aider à répondre à cet e-mail ?* », « *peux-tu me dépanner d'un peu de farine ?* », « *peux-tu poster cette lettre pour moi* ?», sont autant de petites demandes pour lesquelles une réponse positive est quasiment garantie. Il est bon de commencer progressivement à intégrer l'idée de demander de l'aide. Surtout n'hésitez pas à vous féliciter de vos progrès, c'est très important. Toutes les victoires sont bonnes à savourer.

Je vous promets, que plus vous essayerez, plus vous y arriverez.

### *Gare aux excès : échanges donnant/donnant*

S'il est sain, de temps en temps, de savoir demander et recevoir de l'aide, attention à ne pas tomber dans l'écueil de l'excès. Découvrir le pouvoir de l'entraide peut être grisant, mais comme dans toute relation l'équilibre dans la justesse et le respect de chacun, sont des conditions *sine qua non*.

Dans l'essence de chacun réside une volonté pure de faire le bien. Nous naissons tous ainsi, en tendant vers le don, l'altruisme, le partage et l'entraide. Si l'expérimentation de la vie humaine, nous encourage à nous tourner vers les autres, elle ne prône pas pour autant la négation de soi, pas plus qu'elle ne souhaite nous voir devenir l'objet d'abus de la part de notre entourage. Alors comment réussir ce qui peut s'apparenter à un exercice d'équilibriste : **donner sans pour autant se laisser abuser** ?

La clé permettant de comprendre la source de comportements si élevés sur un plan humain réside dans l'image suivante. Imaginez un vase vide que vous placez sous un robinet ouvert. L'eau monte progressivement. Une fois arrivé tout en haut du récipient, le liquide, si vous ne le stoppez pas en fermant le robinet, continue de couler jusqu'à déborder du vase et va se déverser lentement tout autour.

Ce récipient, c'est vous qui accomplissez un acte de bonté, en pleine conscience. Vous avez tant œuvré pour emplir votre être de bien, vous avez tant amassé de bonnes qualités, que rayonner à l'extérieur devient pour vous une conséquence naturelle. À l'image de cette eau claire qui s'écoule, naturellement, hors de son récipient.

Si nous avons parfois l'impression que les autres abusent de notre gentillesse, que le bien que nous accomplissons en leur faveur n'est jamais apprécié à sa juste valeur, ni récompensé par un geste de retour, je crois que c'est parce que le niveau d'eau n'a pas encore atteint le bord du récipient. Nous ne faisons que ponctionner le liquide qui se trouve à l'intérieur du vase !

C'est d'ailleurs la raison pour laquelle, lorsque nous nous contraignons à être aimables, que ce soit en couple, en famille, en société, ou dans notre vie professionnelle, nous avons parfois l'impression d'être « vidé » !

Ainsi, je vois deux manières de faire le bien, l'une positive et épanouissante et l'autre négative et usante. En partant de ce principe, comment remplir notre « récipient » ?

1. Personne ne peut nous causer de tort dès lors que nous sommes en paix avec nous-mêmes.

2. Les gens ne peuvent abuser de nous que dans la mesure où nous-mêmes ne savons pas nous respecter. Se respecter, cela signifie pour chacun de connaître sa personnalité, savoir ce qui est bon pour nous et ce qui ne l'est pas, connaître ses propres limites et définir ses propres valeurs. Dès lors que nous aurons éclairci ces zones d'ombre, nous ne laisserons plus les autres profiter de notre vide intérieur pour y imposer leurs propres règles !

3. Si nous sommes conscients de notre valeur, nous ne chercherons plus l'approbation des autres. S'il nous arrive parfois d'accomplir des actes qui vont à l'encontre de nos valeurs, c'est que, quelque part, nous cherchons à gagner l'estime des autres au prix de nos propres convictions. Pourquoi dès lors chercher à gagner les bonnes faveurs d'autrui en outrepassant notre volonté profonde ?

***Si nous agissons c'est parce que, consciemment, nous avons envie de le faire. Ainsi, nous n'attendons rien en retour, dans la matière.***

THÈME 7

# LE MILLE FEUILLE DE NOS EXISTENCES
# VIES ANTÉRIEURES ET MÉMOIRES TRANSGÉNÉRATIONNELLES

Dans ce chapitre, je vais aborder deux sujets peut-être plus intangibles pour les non-initiés que les autres : la réincarnation d'abord, puis la mémoire transgénérationnelle. Ces deux phénomènes, sans parler de l'immense palette de nos émotions, sont à la source de l'extrême complexité de l'âme humaine.

En effet, en complément de toutes les informations que je suis en capacité de percevoir, j'ai accès à des images de vies précédemment vécues par mes clients et d'autres vécues par des aïeux. Je peux lire dans les auras des gens, les leçons qu'ils ont apprises et celles qui leur restent à expérimenter. Je les perçois comme un diamant étincelant ou non, brut ou poli. J'ai compris avec le temps que plus le diamant est lumineux et minutieusement poli, plus l'âme est ancienne.

Ces données ne me sont pas systématiquement utiles pour aider le consultant, mais parfois elles expliquent certains blocages, certaines peurs irraisonnées, etc.

En étudiant les vies antérieures et la mémoire familiale de mes consultants, je peux prendre connaissance de leur **chemin de vie** et des **paralysies « transexistentielles »** qui les empêchent de s'épanouir dans un mouvement de vie.

Plus généralement, je repère l'ensemble des **blocages** de la personne, ce qui l'empêche d'être elle-même, d'avancer dans sa vie ; ce qui la freine depuis sa plus tendre enfance ou à un moment face à une situation donnée.

Accéder aux informations sur les vies antérieures me permet, et surtout permet aux consultants, de comprendre la source de leurs peurs, lorsqu'elles ne trouvent pas d'explication dans la matière, lorsqu'elles semblent incompréhensibles au regard de leur incarnation actuelle.

**En général, le simple fait que je mette en lumière les blocages, que je prenne le temps de les expliquer, suffit à les faire disparaître.**

Cela dit, parfois, les surmonter demande un effort qu'il faut être prêt à fournir pour favoriser la progression de son âme et celle de toute sa constellation familiale.

Cette partie, vous l'aurez compris, regroupe deux thèmes qui participent à la même démonstration. Mon but maintenant est de vous permettre de prendre conscience qu'au-delà de la complexité émotionnelle qui régit la personnalité et les comportements des êtres incarnés, il existe une multitude d'autres vêtements, d'autres couches de mémoires inconscientes qui se superposent pour finalement former la personne que nous sommes ici et maintenant.

## LA RÉINCARNATION

Pour moi, notre âme est prise dans un cycle de vie continuel. A chaque vie, nous revenons sur terre avec une palette d'expérimentations à vivre.

### Un point de définition : qu'est-ce que la réincarnation ?

Ce processus est le retour de l'être spirituel, l'être profond, dans un nouveau corps.

Qu'elle soit symbolique pour certains, réelle pour d'autres, selon la conviction que nous en avons, la réincarnation est une sorte de « mystère » ésotérique qui a pour but d'assurer à la fois, l'enrichissement de l'âme et la continuité de l'expérimentation terrestre de l'**amour absolu, sans jugement, de soi et des autres.**

L'âme, au cours de sa vie infinie, se réincarnera plusieurs fois sur terre dans le but d'arriver à la perfection. Elle choisit le cadre général de sa future vie sans pour autant en prévoir tous les aléas qui eux dépendront du libre-arbitre ou des propres choix des autres âmes qu'elle rencontrera.

Cette croyance est admise par de nombreuses religions et civilisations, des Égyptiens anciens, aux Celtes, aux Indiens, aux Chinois, aux Romains, aux Grecs, aux théologiens de l'époque classique chrétienne en passant par les Hindous et les Bouddhistes anciens et modernes.

#### *Comment se déroule ce processus ?*

Je propose quelques éclaircissements que j'ai pu recevoir tout au long de ma vie grâce à mes capacités médiumniques. Surtout, je veux faire comprendre que certaines de vos peurs n'ont pas forcément lieu d'être. Il existe des circonstances dans lesquelles un rappel des vies antérieures a été nécessaire pour que je puisse dénouer les bobines des existences de mes clients.

Voici le processus tel que je le perçois :

**Pour un être humain, l'enveloppe de sa nouvelle vie sera toujours un corps humain.** C'est un honneur qui a été mérité.

En revanche, avant de devenir humaine, l'âme s'est d'abord incarnée en tant qu'élément naturel élémentaire (organismes cellulaires, fongiques, végétaux, etc.) puis en tant qu'animal (de l'insecte au mammifère en passant par le poisson, le reptile ou encore le batracien). Nous avons toutes et tous vécu en tant que végétaux et animaux. C'est d'ailleurs pour cela que tous les organismes vivants sont interconnectés.

### *La préparation : choix d'apprentissages et missions de vie*

Après notre mort, nous passons tous un séjour sur le plan astral. Après avoir effectué le « *bilan* » de la vie que nous venons de perdre, du temps nous est accordé pour savourer ces instants de conscience pleine. Tôt ou tard, à l'initiative de chacun, l'âme des disparus finit par rejoindre une destination bien particulière.

Pour ce que j'en sais, il s'agit d'un endroit qui prépare, forme les âmes qui ont choisi de redevenir des enfants, à travers des jeux. Cet apprentissage ludique a vocation à nourrir ces énergies de vie en leur donnant des outils et en leur fournissant les clefs de compréhension de base de la vie terrestre.

***Cette « école » se trouve sur une île.***

Ceci est ma façon personnelle de percevoir cet endroit. Il est d'ailleurs nommé **« île de l'Incarnation »** par mes guides. Lorsque j'ai eu la chance de pouvoir approcher cet endroit en méditation, j'ai été saisie par les rires des enfants et par la puissance de l'énergie de joie qu'ils dégageaient.

La préparation à l'incarnation ne s'effectue pas sur le plan terrestre. Les choix de vie s'opèrent à un niveau de conscience plus élevé, plus vaste, où les désirs et les émotions personnelles humaines n'ont pas leur place.

Avant d'expérimenter une nouvelle fois la vie humaine, nous élaborons une sorte de récit de vie, dont nous sommes le personnage principal, une feuille de route.

Imaginez qu'avant votre naissance, vous aviez écrit un scénario. « *Je vais choisir ces parents-là, ces épreuves-là, ces moments de joie-là, ces adversités-là, afin d'en tirer des leçons inédites, nécessaires à la progression de mon âme* ».

Les scènes importantes, les rebondissements charnières sont écrits à l'avance dans un but précis : le héros doit apprendre à se connaître, à s'aimer, à aimer les autres, à prendre les bonnes décisions pour finalement ouvrir des portes et grandir.

Notre âme choisit la famille dans laquelle elle souhaite s'incarner, son environnement social, les grandes rencontres, les expériences qu'elle fera et également l'endroit où elle souhaite venir au monde. Le contexte de vie devra lui servir à « travailler » un certain nombre de questions, tout en apprenant à composer avec son ego et son mental, sièges de son libre-arbitre. Ses décisions ne sont pas prises par hasard. Elles ont toutes une raison d'être.

Le sens de la vie est de progresser sur son chemin, dans toute son Humanité.

Bien entendu, nous pouvons nous demander « *pourquoi aurai-je choisi des parents dont le fonctionnement est à l'opposé de mes convictions profondes ? Pourquoi sont-ils mal-aimants, maltraitants, dans les cas les plus graves ? Pourquoi ai-je choisi de vivre tant d'épreuves et tant de malheurs ?* »

La réponse est probablement que votre expérimentation consiste à développer votre libre-arbitre, à traverser et affronter toutes sortes de peurs, de blessures, de frustrations, de colères, de deuils, pour être en accord avec votre essence originelle, votre enfant intérieur (THEME 4).

### *Vivre sa vie, dans la justesse et dans son libre arbitre*

En choisissant de nous réincarner, nous poursuivons notre apprentissage des questions majeures : **comment s'aimer soi-même ? Comment aimer l'autre sans condition ?** Pour y parvenir, notre être profond nous amène à vivre des expériences qui, une fois incarnés, nous seront nécessaires pour accéder à des prises de conscience.

Notre libre-arbitre a sa place dans ce processus balisé.

Si nous avons élaboré une feuille de route dans l'Ile de l'incarnation, une fois sur terre nous l'avons « oubliée ». Si notre Etre Essentiel nous guide, notre mental parfois nous détourne du chemin que nous avions « à prendre ». La vie saura, par les expériences qui se présenteront à nous, nous indiquer le chemin nécessaire à notre croissance. Si nous ratons « une direction  à prendre», les évènements se représenteront à nouveau, peut-être de manière différente. Dans cette expérimentation, il n'y a rien d'obligatoire, libre à nous de choisir ou non la direction qui nous est proposée. N'avons-nous pas toute une vie pour expérimenter ?

***La vie est un apprentissage long qui a tout son temps.***

Malheureusement, chaque jour meurent des personnes qui partent avec le sentiment d'avoir « raté » leur vie, d'être passé à côté de l'essentiel. Ce fut le cas de Fabrice.

*J'ai fait la connaissance fugace de Fabrice, il y a quelques années. Issu d'un milieu chrétien pratiquant et père de quatre enfants, Fabrice vivait un enfer domestique avec sa femme, empêtrée dans des problèmes d'alcool. Son couple ne communiquait plus, ne partageait plus rien, ce qui le rendait très malheureux. Récemment, Fabrice avait rencontré une autre femme. Elle était entrée dans sa vie par hasard. Dès leurs premiers regards, une vraie compréhension avait opéré entre eux.*

*Je lui ai expliqué que cette femme était sans doute l'une des opportunités de sa feuille de route pour trouver le bonheur. Une rencontre, comme une option qu'il avait mise de côté.*

*Les messages qui étaient donnés étaient que Fabrice devait se donner le droit au bonheur et l'expérimenter.*

*Il était face à un choix : se donner le droit d'être heureux ou rester dans une vie qui ne lui correspondait plus.*

*Malheureusement, Fabrice se sentait responsable de sa famille et ne pouvait se résoudre à divorcer au risque de « ravager son foyer » et d'être excommunié. Pour ses enfants, pour la réputation de sa famille, il s'est interdit de vivre son histoire amoureuse.*

*Deux mois après cette consultation, la femme qu'il avait rencontrée est venue à mon cabinet et m'a appris le décès de Fabrice.*

*A travers cette consultation, Fabrice a pu exprimer qu'il avait pris conscience que c'étaient ses croyances humaines qui l'avaient empêché de choisir d'être avec elle et d'être heureux et lui assurait que, dans leurs prochaines incarnations, ils se retrouveraient pour vivre ce bonheur.*

Sur le chemin de notre vie, nous sommes confrontés à des choix que nous faisons ou pas, des expériences faciles et d'autres moins, parfois douloureuses.

La bonne nouvelle, c'est que si un parcours de vie est difficile, dans le parcours suivant, il pourra être plus aisé, plus riche que le précédent.

***Les grandes lignes sont tracées.***
***Le libre-arbitre est un dépassement qui consiste à aller au-delà de ce qu'on attend de nous.***

### *L'incorporation*

« Muni » de sa feuille de route personnelle, l'âme en réincarnation doit entrer dans un nouveau corps. Son incorporation se fait petit à petit et n'est achevé qu'au moment de la naissance. Pendant son séjour sur le plan invisible, l'esprit crée non seulement son scénario de vie mais également son corps futur, au moyen des forces astrales et telluriques. Le processus prend environ neuf mois, le temps de la gestation humaine.

Avant la conception, nous n'avons pas de biologie personnelle. C'est au moment de la pénétration de l'ovule par le spermatozoïde que commence notre temps humain personnel, dans la matière concrète. À cet instant, dès les premières divisions cellulaires, nous prenons corps, en étant dans toute la subtilité de notre être profond, en héritant non seulement des gènes mais aussi de « l'inconscience » (cf. mémoire transgénérationnelle) de ceux qui nous ont donné la vie et dont nous sommes la synthèse.

### *Le processus de création astrale*

Pendant la conception et le temps de la grossesse, la mère est une pile astrale qui capte et concentre toutes les forces qui circulent dans l'atmosphère invisible de la Terre.

**1er mois :** les forces de Saturne viennent constituer la charpente générale de l'être humain.

**2e mois :** Jupiter agit sur les humeurs.

**3e mois :** Mars impacte le sang. L'enfant à venir commence à remuer.

**4e mois :** Le Soleil illumine l'être de chaleur et de vie.

**5e mois :** Vénus donne la beauté aux enveloppes extérieures.

**6e mois :** Mercure agit sur le système nerveux et les mouvements.

**7e mois :** la Lune parfait par son influence maternelle l'œuvre accomplie.
À ce stade de développement, l'enfant peut naître mais aura besoin de plus de soins.

**8e mois :** les forces de Saturne reviennent consolider les os.

**9e mois :** Jupiter réapparaît pour renforcer les organes vitaux.

Dès lors, l'âme de l'enfant naîtra dans les meilleures conditions physiques.

### *La Re-naissance*

Au moment de la délivrance, **par sa première respiration, l'enfant quitte l'univers astral de sa mère** pour créer le sien. Il se met en rapport avec l'atmosphère terrestre et en relation directe avec les rayons du Soleil. Tout au long de son incarnation, le corps physique évolue constamment. Il consomme des minéraux pour nourrir ses os, des végétaux pour ses muscles et ses organes, des animaux pour ses neurones. En somme, le corps physique se gorge d'éléments que la terre lui fournit.

Le phénomène d'incorporation est directement lié à l'évolution spirituelle de l'être qui s'incarne. Il peut donc être renouvelé aussi souvent et longtemps que nécessaire. Pour ma part, je crois même que **ce phénomène est une boucle infinie**, enchaînant les phases visibles et non visibles, « *de corps en corps* ». *Ainsi, l'âme* continue à assumer ses choix de trajectoire afin d'accomplir ce qui doit l'être pour son évolution. Certaines âmes peuvent choisir, sur le plan astral, de tenir quelque temps le rôle de guide pour leurs proches vivants. D'autres sont arrivées au bout de leur processus d'évolution mais choisissent de se réincarner quand même pour aider les autres âmes incarnées à trouver la bonne direction.

### *Perte de mémoire*

Dès lors qu'elle s'incarne, l'âme se recouvre d'un vêtement, le corps physique, qui enveloppe sa dimension subtile au point de nous faire oublier nos existences. Au moment de la naissance, l'être spirituel se prête à la **perte de la mémoire des existences** antérieures. L'oubli est nécessaire. Pour que nous puissions recommencer à vivre sur des bases nouvelles, il est essentiel d'oublier « consciemment » nos souvenirs, nos connaissances accumulées. Nous ne sommes pas faits pour gérer de manière terrestre un savoir aussi énorme. De plus, ce n'est pas là que se situe l'intérêt du phénomène. Nous ne sommes pas des robots, la plupart d'entre nous ne peuvent pas enregistrer autant d'informations, en conscience. D'autant que nous avons vécu toutes sortes de vies différentes, dans la notion du bien mais également du mal.

En revanche notre inconscient, notre enfant intérieur, n'oublie rien. Tout est à portée.

Il est tout à fait possible, en méditation par exemple, de partir à la recherche de ses vies passées. Ceux qui ressentent le besoin de chercher des réponses de ce côté-là peuvent expérimenter la méditation régressive. Demandez à vos guides de vous accompagner et de ne vous montrer que ce qui peut vous aider à mieux vivre votre incarnation actuelle. Les gens ont rarement conscience de leur capacité à avoir accès aux informations concernant le parcours de leurs âmes.

Pourtant, d'une certaine manière, il est possible d'obtenir des informations notamment en prêtant attention à **ce qui nous fait vibrer dans la vie**. Il n'est pas toujours utile de se souvenir. Nous sentons au fond de nous ce que nous aimons et ce qui est bon pour nous. La plupart des gens évoluent et progressent sans jamais avoir eu besoin d'informations sur leurs vies antérieures. Toutefois, dans certains cas, elles permettent d'obtenir des clefs de compréhension pour déverrouiller ses blocages et percevoir sa vie différemment.

Pour illustrer cette idée, je veux vous partager l'expérience de Marc.

*Marc est un jeune homme qui est né avec un handicap au niveau de sa hanche. Outre le fait qu'il vivait cette différence comme une injustice, ce problème physique l'handicapait dans la réalisation de ses rêves. En effet, depuis sa plus tendre enfance, il était passionné par les chevaux, les westerns et par tout ce qui touchait de près ou de loin à la culture des cow-boys américains. Il rêvait de monter à cheval, mais était persuadé que, jamais, il n'en serait capable, à cause de sa hanche et de l'angoisse profonde qu'il ressentait à chaque fois qu'il se trouvait trop près d'un cheval.*

*Dès que j'ai pris contact avec les guides de Marc, j'ai été saisie par toutes sortes d'images représentant un ranch et de grands espaces sauvages. Ses guides me parlaient de Texas, de rodéo. Avec l'accord de Marc, j'ai demandé à obtenir plus de précisions. Dans une précédente incarnation, il a passé sa vie dans un ranch au milieu des vaches et des chevaux. Il pratiquait activement le rodéo. Un jour, il a été victime d'une grave chute. Cet accident l'a laissé paralysé. Dans cette vie, Marc n'a pas su gérer cette frustration et a finalement mis fin à ses jours.*

*À l'évocation de cette fin tragique, Marc s'est mis à trembler puis s'est effondré en larmes. « Maintenant, je comprends ». Qu'a-t-il compris au juste ? Je l'ignore, mais un puzzle s'est assemblé en lui. Cette prise de conscience a quasiment instantanément évacué sa peur des chevaux. À la suite de cette consultation, il s'est rendu dans un centre équestre et s'est inscrit à un cours d'équitation aménagé. Il a pris conscience que sa peur était plus handicapante que son handicap lui-même. Depuis, il s'offre régulièrement le loisir de faire des balades à cheval, une chose impensable avant cette consultation.*

À chacune de nos incarnations, nous perdons le souvenir de nos expérimentations humaines passées. C'est la règle.

Il existe cependant des exceptions parmi **les enfants de moins de sept ans.** Il est fréquent qu'ils aient conservé des bribes de souvenirs passés. Pourquoi eux ? Parce que la porte de leur subconscient n'est pas complètement fermée et qu'ils ont encore accès à certaines informations. Soyez attentifs à ce que vous racontent vos petits, vous risquerez d'être surpris !

### L'expérience de la vie

Au moment de la réincarnation, l'âme est la somme des événements passés et des possibilités du futur. Elle est chargée, vous l'aurez compris, d'accomplir une mission : nous apprendre des leçons essentielles en parcourant un chemin de vie nouveau.

Autrefois, nos vies suivaient des chemins plus ou moins linéaires. D'incarnation en incarnation, nous répétions sans cesse des schémas semblables, mettant parfois plusieurs vies à nous en affranchir. Ainsi, nombre de nos vies n'ont connu, à travers les âges, que des expériences de labeur, de soumission, de dévotion, etc. L'histoire de l'Homme, pendant des siècles, était essentiellement liée aux affaires agricoles, religieuses et militaires. Des existences très axées sur l'idée de communauté.

Le XX$^{e}$ siècle a vu, dans le monde occidental, l'émergence de la notion d'inconscient (Freud, Jung, Lacan) qui a mené à l'essor de la psychanalyse, étudié cependant depuis l'Antiquité grecque. La culture de l'individualisme qui découle de cette évolution pousse l'Homme à regarder au fond de lui et à découvrir ce qui s'y cache, qui s'y cache !

D'ailleurs, cette prise de conscience globale dans le monde occidental, mais aussi oriental, est le fruit de la volonté de l'univers qui aspire à accélérer l'évolution de l'homme. Depuis un siècle, les réincarnations se font de plus en plus rapidement. De très vieilles âmes ré expérimentent la vie terrestre alors même qu'elles sont arrivées, il y a des siècles, au bout de leur apprentissage, dans le seul but de nous montrer la voie. Elles ont des leçons à faire partager au monde.

Pour ce que j'en sais, toutes les âmes n'ont pas le même nombre d'incarnations. Certaines ont une somme d'expériences beaucoup plus importante que d'autres. Personnellement, je les reconnais immédiatement. Leur diamant est superbe, brillant et magnifiquement poli. Les couleurs de leurs auras et de leurs chakras sont bien plus vives. Je suis en mesure de lire dans leurs auras ce qu'elles ont déjà vécu, ce qu'elles ont déjà compris et les blessures qu'elles ont surmontées.

J'ai eu la chance, dans ma vie, de faire la connaissance de deux âmes très anciennes : Louis et Arthuro.

*Louis est entré dans ma vie au bras d'une amie. Il était incroyablement rayonnant. Je l'ai connu et fréquenté une dizaine d'années et à chaque fois qu'il arrivait je voyais un cheval blanc. Dentiste de formation, il a un jour décidé de ne vivre que de l'énergie du* ***Prāna**** *de* *l'air. Il a vécu six mois sans manger, se contentant de tisanes. Ensuite, il a consacré les vingt-cinq dernières années de sa vie à la pratique de soins énergétiques et à l'enseignement.*

*En revanche, Arthuro n'a fait que passer dans ma vie. Je l'ai rencontré parfaitement par hasard, lors d'une balade en forêt. Il a surgi des bois, rejoignant le chemin sur lequel je marchais avec un sourire extraordinaire qui m'a instantanément empli d'une joie profonde. Jamais de ma vie, je n'avais vu une aura aussi lumineuse. Il était évident pour moi qu'il s'agissait d'un être éveillé, d'un diamant poli. Nous avons échangé quelques mots puis il s'en est allé.*

Je me sens très heureuse d'avoir pu rencontrer ces deux êtres. Aujourd'hui, j'ai la profonde conviction qu'ils sont nombreux à venir se réincarner. Nombreux sommes-nous à nous éveiller à nous ouvrir, afin d'amener un autre chemin de compréhension.

Aujourd'hui, au XXI^e^ s., le parcours de vie d'un homme peut revêtir tant de facettes et d'aspérités. Nous sommes confrontés, plus qu'à n'importe quel moment de l'Histoire humaine, à des vagues d'états émotionnels qu'il nous faut de plus en plus rapidement vivre puis relâcher : Divorces, changements de carrière, de vie, déménagements, expatriation, solitude, traitement de maladies chroniques, etc., sont autant d'expérimentations « nouvelles » qui nous poussent de plus en plus , finalement, à dépasser notre karma.

La plupart d'entre nous éprouvent, plus que jamais, le besoin de se comprendre, même inconsciemment. Les gens expérimentent de plus en plus de réflexions profondes. La plupart des personnes que je rencontre dans mon cabinet sont pétries par des peurs, des angoisses, des empêchements dont elles n'arrivent pas à comprendre l'origine malgré une volonté farouche. Se maintenir dans ses peurs, c'est des fois oublier les potentiels que nous avons et les possibilités qui se présentent dans notre vie.

Je vais prendre pour exemple le cas de Barbara.

*J'ai fait sa connaissance alors qu'elle avait perdu son fils unique, il y a plusieurs années. Elle s'était séparée du père de son enfant et vivait depuis sept ans une existence monacale, empêtrée dans son chagrin. Elle avait fait des rencontres restées sans lendemain. Barbara est une très belle femme, très courtisée. Son blocage avec les hommes se situait précisément à ce niveau. Barbara, en compagnie des hommes ne se sentait appréciée que pour son corps. Cette sensation d'attirance sexuelle, lorsqu'elle se manifestait dans la matière, avait le don de la faire fuir. Puis finalement elle fit une rencontre différente, celle d'un homme aussi délicat que providentiel. Elle se sentait très bien avec lui, mais il souhaitait fonder une famille. Au fond d'elle-même, elle souhaitait avoir des enfants avec cet homme mais se sentait littéralement bloquée, sans doute par la mort de son fils pensait-elle.*

*Or, l'origine du blocage venait de bien plus loin encore.*

*En me connectant à sa conscience supérieure, j'ai pu voir Barbara dans un passage difficile d'une vie bien différente de la sienne. Je l'ai observée, veuve, élever seule trois enfants dans un contexte de misère, les déposer à la porte d'un orphelinat puis enfin vendre son corps pour quelques sous.*

*Je lui ai présenté les deux possibilités qui s'offraient à elle :*

*— renoncer à avoir des enfants pour ne plus souffrir au risque peut-être de perdre l'homme qu'elle aime*

*— accepter l'idée de la mort de son fils comme une expérimentation et donner la chance à deux enfants de naître.*

*Barbara était à la fois heureuse de m'entendre dire qu'elle pourrait redevenir mère si elle le décidait et contrite de peurs. Elle avait peur de n'être aimée que pour ses attributs féminins. Elle avait peur de ne pas pouvoir protéger ses futurs enfants, de ne pas être en mesure de les élever matériellement. A l'évocation de ses quelques mots, elle a senti son Être vibrer en elle, elle s'est mise à pleurer. Pleurer est assez normal lors de ce type de prise de conscience.*

Ces situations évoquent une mémoire douloureuse, parfois traumatique. **Pleurer c'est libérer de l'espace dans notre partie inconsciente.**

*Sur le moment, Barbara est sortie de la consultation quelque peu déboussolée. Elle a poursuivi sa vie et ne pensait plus à mes paroles. Le premier effet du processus de prise de conscience et des petites morts inconscientes se produisit un beau matin dans les mois qui suivirent. Barbara, au hasard d'une banale circonstance de la vie, s'est rendu compte qu'elle pouvait avoir un comportement inconsciemment aguicheur avec les hommes.*

*Forte de cette découverte, elle est revenue me voir avec la ferme intention de travailler psychologiquement et énergétiquement sur ses blocages en lien avec la maternité.*

*Un an plus tard, elle accueillait son deuxième enfant suivi, trois ans plus tard, d'un petit frère. Barbara a vécu ses prises de conscience jusqu'au bout et vit aujourd'hui avec ses enfants et une très belle ouverture d'esprit.*

**Dans un monde idéal, les enfants devraient être nos enseignants, nos maîtres.** Ce sont eux, les êtres les plus justes, les plus vivants.

Les enfants, nés ces trente dernières années, sont de plus en plus éveillés, ouverts. Ils sont davantage incarnés que leurs ascendants, affirmés dans leur choix et leur décisions. Cette tendance ne fait, depuis, que s'accélérer. Même s'il reste du chemin à parcourir, l'ouverture est bien réelle et prendra de plus en plus d'ampleur. Je suis, personnellement, très optimiste sur l'avenir de l'Humanité, même si elle devra encore « *souffrir* » pour apprendre ses leçons.

### *Prendre conscience du phénomène nous aide à nous comprendre*

Dans certaines situations, il est important de prendre conscience du phénomène de la réincarnation afin de comprendre l'origine de blocages ou d'états émotionnels (angoisses, peurs irraisonnées) qui ne trouvent pas d'explication dans l'incarnation actuelle.

***Nous sommes la somme de tout ce que nous avons vécu.***

Si nous n'en n'avons plus la mémoire consciente, nous portons en nous les expériences de nos vies passées qui viennent influencer notre vie actuelle afin de pouvoir expérimenter à nouveau et dépasser ce qui auparavant avait été source de difficultés.

Ainsi, j'ai pu aider Karim à dépasser ce qui, dans sa vie, faisait blocage.

*Quand Karim est venu à ma rencontre, il venait d'échouer pour la seconde fois au concours d'entrée de l'École de Gendarmerie. Il en était profondément triste. Représenter l'ordre était son plus grand rêve. Depuis des années, il sentait cette vocation en lui. Il en était certain et ne comprenait pas les raisons de ses échecs !*

*Je percevais que c'était effectivement sa mission de vie.*

*Karim se présentait très introverti et solitaire, extrêmement fermé, rigide. Il n'allait pas facilement vers les autres, dont il se méfiait de prime abord. J'étais très étonnée par l'image qu'il renvoyait car je percevais de lui quelqu'un de bon, ouvert aux autres mais qui s'empêchait de vivre sa vie. Il était comme en « prison ». J'essayais de lui parler de ses émotions, de ses relations avec ses parents, de son histoire d'enfant maltraité, n'osant pas lui donner toutes les informations qui me venaient de ses vies antérieures « Je ne sais pas ce que vous me racontez, mais ça me fait quelque chose à l'intérieur. J'ai des frissons et des larmes qui montent aux yeux ». Cependant, la priorité du moment pour Karim était de savoir s'il allait obtenir son concours ou s'il devait changer d'orientation professionnelle. Il n'était pas dans l'optique de travailler sur ses « blocages» et je savais qu'il n'était pas encore prêt à tout « entendre ». Cependant je savais que les informations données et le travail effectué lui permettraient d'évoluer.*

*Karim était gendarme depuis quelques années et rencontrait une difficulté professionnelle lorsqu'il est venu me voir une seconde fois. Il m'expliqua que dans le cadre de son service il avait été amené à intervenir lors d'une dispute conjugale mais qu'il n'avait pas su garder son calme face à cette situation. Il doutait de tout et même de sa vocation. Pour moi, ce qui lui était arrivé était une expérimentation dans son cheminement de compréhension. Il fallait qu'il se retrouve face à ses propres démons pour les affronter*

*Cette situation avait réveillé en lui ses blessures d'enfant et il souhaitait travailler sur ses blocages. Si son enfance avait été marquée par la violence paternelle, sa dernière vie antérieure m'indiquait que Karim était mort enfant, poignardé dans le dos par son père. Ce qui, de mon point de vue, expliquait son impossibilité à accorder sa confiance. Ses blessures de rejet et de trahison étaient béantes et ses besoins de justice et de réparation évidents.*

*Je sentais que pour lui les choses devraient s'arranger. Aujourd'hui, toujours gendarme, Karim est serein et en paix. Il a appris à se comprendre et se faire confiance.*

Incarnation après incarnation, nous pouvons rester enfermés dans nos peurs, être tiraillés par de vieilles croyances ou de vieux serments. La vie nous apporte une multitude d'opportunités pour les dépasser et nous en libérer. Libre à nous de les saisir Nous nous incarnons et nous réincarnons pour **progresser sur le chemin de la compréhension** de l'humain et de la **quête de l'amour inconditionnel**. C'est bien ce dernier qui motive ce phénomène.

En prendre pleinement conscience facilite la traversée de mal être, de crise de manque de confiance ou d'émotions négatives répétitives.

Je ne saurais que trop vous conseiller d'accepter l'idée que vous êtes parfois conditionné par des expériences passées dont les conséquences n'ont plus à vous faire souffrir aujourd'hui. Sans cela, vous vivrez, encore et encore, les mêmes blocages, reproduirez les mêmes schémas néfastes.

Me plonger dans l'histoire des vies antérieures de mes clients, n'est pas si courant pour moi. Je n'y ai recours que lorsque leur équilibre repose sur la libération d'une ancienne mémoire. C'est outil ne m'est donné que si l'âme de la personne accepte que je m'introduise dans ses souvenirs. Parfois, il arrive que la libération s'opère énergétiquement, sans verbe, d'elle-même.

Accepter l'idée des principes de la réincarnation, ou simplement se montrer ouvert d'esprit avec soi-même, permet de comprendre ses angoisses et de balayer plus aisément les peurs qui ne nous appartiennent plus afin de se concentrer sur la réalisation de notre idéal de vie.

### *Toute expérience est un apprentissage*

Parvenir à concevoir son existence comme un script qu'on aurait pris soin d'écrire soi-même, et dans lequel nous sommes la tête d'affiche marque généralement un tournant dans l'existence de mes clients.

En effet, lorsque nous vivons des expériences pénibles, sans avoir conscience du phénomène à l'œuvre, nous les vivons comme des injustices : « *pourquoi est-ce que je vis cela* ? ». En réalité, il est important de garder à l'esprit que les événements, bons comme mauvais, sont des leçons. **Ces situations ne sont pas des hasards : nous avons quelque chose à en comprendre.**

Souvent, en prenant conscience de ce phénomène, mes clients finissent par comprendre à quel point, même leurs malheurs sont une belle aventure, de celles qui nous font tout simplement grandir.

Je ne vous cache pas que cette vision de la vie, dans notre société judéo-chrétienne matérialiste, a souvent été dérangeante. Pourtant, lorsque mes clients sont suffisamment ouverts pour m'entendre et me comprendre, ils peuvent être stupéfaits de découvrir à quel point, ils sont en fait libres de progresser.

**Personne ne vit une vie parfaite, sans heurt, sans peine et sans malheur, parce qu'en définitive, elle serait inutile pour notre âme.**

En prenant conscience du phénomène de la réincarnation, les gens passent du statut de passager à conducteur de leur vie. Ils comprennent qu'ils peuvent accélérer ou au contraire freiner, tourner à gauche, virer à droite, s'accorder une pause sur leur route, se délester de valises encombrantes ou s'arrêter au bord de la route pour embarquer ceux qui font du stop (les personnes, amours ou amis, qu'ils aimeront une partie de leur vie).

Il est important pour nous de **respecter la vie** que notre âme nous amène à expérimenter. Soyons reconnaissants et plein de gratitude pour tout ce qui se présente à nous !

***Montrez-vous créatif avec votre vie en étant votre propre arbitre !***
***Donnez-vous le droit d'être vous…***

## Le chant de l'âme : grandes et « mauvaises » rencontres

Il arrive à tout le monde au moins une fois dans sa vie de rencontrer un inconnu avec qui le « courant » passe immédiatement. Sans que nous sachions pourquoi, nous nous sentons extrêmement bien en sa présence.

L'inverse est également vrai. Dans la vie, il arrive aussi que nous rencontrions des personnes qui nous mettent mal à l'aise, dont la présence nous indispose.

Il s'agit simplement d'une harmonie ou d'un désaccord vibratoire.

**Notre vibration est un chant d'âme.** IL est fait d'énergie et de sons. Lorsqu'une rencontre est fluide, le cœur s'ouvre et l'âme chante. Lorsqu'une rencontre créée une dissonance, le cœur reste fermé et l'âme silencieuse.

Je me rappelle d'une anecdote que m'a rapportée Laura.

*Alors qu'elle prenait place sur le fauteuil réservé à mes clients, son guide m'a immédiatement interpellée sur le fait qu'elle venait de retrouver un très vieil ami. Je l'ai donc interpellée sur cette information afin d'engager le dialogue. Sur l'instant, sa première réaction a été la surprise. « Non, pas que je sache ! » Pourtant son guide insistait et me parlait d'un voyage, d'un train. De plus, je sentais que son âme vibrait d'une joie relationnelle toute nouvelle. Elle m'expliquait qu'effectivement elle avait fait une très belle rencontre dans un train il y avait plusieurs jours de cela. Il s'agissait de sa voisine de siège avec laquelle elle conversa tout le voyage, se découvrant des points communs réciproques. « J'ai eu l'impression de connaître cette femme depuis toujours, c'est vrai ! ». Depuis, elle pensait souvent à cet étonnant « coup de foudre amical », et ce souvenir l'emplissait de joie.*

Les vieilles mémoires inconscientes peuvent jaillir, ainsi, à n'importe quel moment. L'exemple de Laura est typique. Il nous arrive à tous, à un moment ou à un autre de notre vie, d'expérimenter un coup de foudre amical ou amoureux, de croiser la route de quelqu'un que nous ne connaissons ni d'Eve ni d'Adam et avec qui nous partageons des tas d'atomes crochus alors que nous ne sommes ni issus du même milieu, ni de la même génération, ni de la même région. Je sais d'expérience qu'il ne s'agit ni de hasard, ni de coïncidence. Ils n'existent pas ! Dans mon univers, ce phénomène a un nom : les **retrouvailles d'âme.**

De la même manière, lorsque nous faisons la connaissance de quelqu'un avec qui le courant ne passe pas du tout, que nous nous surprenons à « détester », à maudire, en le connaissant à peine, avec qui nous nous sentons mal-à-l'aise, énergétiquement déphasé pour une raison inexpliquée. Il s'agit également de retrouvailles d'âmes mais qui ont vécu, ensemble, une ou des expériences toxiques.

*Un jour, j'ai reçu la visite de Sabine. J'ai immédiatement ressenti le terrible impact qu'avait eu sur elle sa relation difficile avec son ex-belle-mère, Colette. Leurs deux champs vibratoires étaient en dissonance totale. Sabine souffrait de la posture d'autorité injustifiée qu'avait prise Colette, dès leur première rencontre. Malgré tout un tas d'efforts infructueux pour lui plaire, Sabine avait dû subir ses mouvements d'humeur interventionnistes. Colette qui n'avait jamais eu une telle attitude avec les précédentes petites amies de son fils était bien décidée à lui nuire en semant le trouble dans l'esprit de ce dernier. Ne supportant plus cette situation injuste, Sabine s'était séparée de l'homme qu'elle aimait toujours d'un amour sincère et réciproque. Elle était très malheureuse de son choix.*

*En me « connectant » à sa conscience supérieure, celle qui garde tous les souvenirs de l'âme, j'ai eu la confirmation que le désaccord vibratoire entre les deux jeunes femmes remontait à une précédente incarnation.*

*Dans une autre vie, Colette avait été lourdement dominée et maltraitée émotionnellement. En effet, ses parents, par manque d'argent, l'avaient confié, fillette, à un couvent dirigé par la précédente incarnation de Sabine. Ainsi, Colette avait passé l'essentiel de sa vie sous la domination d'une mère supérieure dominatrice, directive et intrusive. Colette qui, alors, souffrait énormément de cette « vocation religieuse » imposée, à laquelle elle n'avait jamais aspirée, avait été à de multiples reprises rabrouée, maltraitée par cette dirigeante acariâtre. Toujours aux prises avec les regrets de sa vie passée, Colette a, inconsciemment, reconnu Sabine. De peur de voir se répéter ce schéma karmique, elle a inconsciemment, endossé le rôle de dominatrice pour éviter d'avoir à subir à nouveau cette domination.*

Ainsi, j'ai donné à Sabine un conseil, que je vous invite tous à suivre si en lisant ces lignes vous identifiez dans votre entourage une relation déséquilibrée similaire : Renouez le contact avec la personne qui vous rejette ou que vous rejetez ainsi sans « réel » motif. Apprenez à la connaître telle qu'elle est aujourd'hui. Elle pourrait finalement vous plaire !

Parvenir à dépasser ce type de blocages libère l'âme et crée de l'espace. Je suis convaincue qu'en accédant ou en donnant accès au pardon, vous ressentirez d'intenses changements, un apaisement, au plus profond de vous-même.

*Forte de ces « explications » et de ce conseil, Sabine a quitté mon cabinet avec la ferme intention d'avoir une discussion avec son ex-belle-mère et de lever le voile sur les fausses-vérités inconscientes que sa belle-mère entretenait à son égard. Ainsi, elle a sonné à la porte de Colette et lui a narré ce qu'elle venait d'apprendre. Elle l'a écouté sans rien dire. Sabine a fini par lui demander sincèrement pardon avant de s'en aller. Sur le moment, Colette n'a pas vraiment réagi mais quelques jours plus tard elle lui a téléphoné pour lui dire qu'elle acceptait ses excuses et lui a demandé à son tour pardon d'avoir ruiné son couple.*

*Grâce à cette explication, Sabine a pu reprendre sa relation sereinement. Depuis, les deux femmes s'entendent bien. Elles ont une relation belle-mère, belle-fille équilibrée.*

### *Les familles d'âmes*

Certaines âmes sont liées, vie après vie, incarnation après incarnation. Elles ont besoin, pour progresser, d'évoluer les unes aux côtés des autres. C'est ce que j'appelle **les familles d'âmes.**

Elles peuvent former des familles terrestres, de manière à être certaines de se côtoyer, sans avoir à se chercher. Les jumeaux, triplés, et plus, sont aussi des âmes qui ont choisi de se réincarner dans la même famille, pour s'accompagner, s'aider et être certains d'expérimenter ensemble **sans avoir à se chercher.**

D'une existence à l'autre, les rôles, au sein de la famille sont redistribués. Un père peut devenir une grand-mère, une mère une fille, etc. Toutes les combinaisons sont possibles, nous pouvons aussi changer de sexe d'une vie à l'autre.

*Je me souviens particulièrement de l'histoire de Sandra, une jeune femme que j'ai rencontrée à une époque où elle était très préoccupée par son frère Matthieu. En difficulté dans sa vie amoureuse, il venait de s'installer chez elle et son mari en attendant des jours plus favorables. Seul bémol à cet élan du cœur, Sandra et Matthieu ne cessaient de se disputer sur tout et sur rien. En vérité, depuis leur plus tendre enfance, ils fonctionnaient ainsi, dans un pur esprit d'opposition et de confrontation. Ce qui est souvent le cas entre des frères et sœurs non jumeaux, par ailleurs. Ils n'étaient jamais d'accord sur rien. Matthieu avait du mal à trouver sa place tandis que Sandra n'hésitait pas à la mettre en boîte malgré un instinct naturel de protection.*

*En étudiant leur passif commun, j'ai retrouvé leur trace dans une vie au cours de laquelle ils étaient deux jeunes hommes rivaux, car épris de la même jeune fille. Sandra aurait finalement conquis le cœur de la jeune fille au détriment de Matthieu qui termina sa vie la mort dans l'âme. Dans cette vie, guidée par une énergie de culpabilité, elle souhaitait l'accompagner et être à ses côtés lorsqu'il en aurait besoin, ce qu'elle était précisément en train de faire.*

### *La famille que l'on se crée*

Les esprits d'une même famille d'âmes peuvent s'incarner chacun de leur côté afin d'expérimenter des choses différentes, mais s'arrangent pour se rencontrer aux moments les plus décisifs de leurs existences dans la matière. Il arrive que certaines rencontres tissent un lien d'amour absolu quasi instantané. Elles sont facilement reconnaissables. En présence de ces personnes inconnues, nous ressentons une confiance absolue. Elles et nous, sommes au même niveau de conscience d'âme. Sans doute, avons-nous les mêmes compréhensions de vie, c'est pour cela qu'elles deviennent nos meilleures amies ou que l'instant de cette rencontre se fait de manière si intense.

Jusqu'aux derniers instants de nos vies nous sommes susceptibles de retrouver un membre de notre famille d'âme. Les rencontres importantes n'arrivent qu'à point nommé, pas avant.

Je pense, par exemple, à Khadija.

*À l'approche de la cinquantaine, Khadija a rencontré une femme de vingt ans son aînée qui lui a permis de s'ouvrir à la vie et d'apaiser ses peurs de petite fille.*

*Quittée par son mari, la maman de Khadija, a élevé sa fille unique à la fois dans la peur des hommes et dans l'idée que les femmes devaient se soumettre à leur mari.*

*Khadija a grandi dans la peur de se marier, terrorisée de devenir une épouse soumise et méprisée.*

*Devenue femme, elle s'est éloignée de sa mère culpabilisante, et de ses croyances.*

*Et puis un jour Khadija a fait la connaissance de Adla. Un coup de foudre amical. Cette femme, de la génération de sa mère, représentait la maman qu'elle aurait aimé avoir. Grâce à de longs échanges et discussions avec Adla, Khadija a pu dépasser ses peurs et renouer avec sa mère des liens beaucoup plus doux. Grâce à sa vision de la vie et de la place que peut y prendre la femme, Adla a permis à Khadija de retrouver son équilibre. Adla et Khadija, même si elles se sont rencontrées « tard », font partie de la même famille d'âme.*

Chercher, et trouvez, les réponses en nous, rend nos états émotionnels et notre existence plus doux.

## LE FEUILLETÉ DES LIENS FAMILIAUX

Comme nous l'avons vu précédemment, nos vies passées peuvent être une source d'informations quant aux difficultés ou blocages que nous rencontrons dans nos vies actuelles. Notre histoire familiale et la répétition d'épisodes ou de situations de vie peuvent en être aussi. Pourquoi certains évènements se répètent-ils de génération en génération ? Comprendre ce phénomène peut nous permettre de libérer les vieux schémas qui nous emprisonnaient non seulement nous, mais aussi les générations passées et celles qui nous suivent.

Imaginons quelques instants, un arbre avec son réseau de racines et ses croisements de branches : notre arbre familial. Dans ses racines, sont ancrées des injustices, des répétitions, des peurs, qui se transmettent et s'impriment. Nous n'avons pas conscience de leur impact sur notre comportement, notre manière personnelle de fonctionner. Les branches, qui portent les fruits, représentent, elles, les liens qui nous unissent à nos enfants. Régler les problèmes racinaires qui se répercutent dans notre vie, c'est assurer des racines plus solides, une floraison plus abondante et des fruits plus mûrs.

C'est ce qui est appelé le lien transgénérationnel. Il a été mis en évidence par Sigmund Freud dans ses travaux sur l'interprétation des rêves, puis étudié par Carl Gustav Jung dans ses traités sur l'inconscient collectif.

Certaines maladies, certains accidents, certains maux-êtres peuvent être, inconsciemment, induits par une forme de syndrome « anniversaire » étudié par la psychothérapeute et chercheuse Anne Ancelin-Schützenberger.

Pourquoi, telle famille va voir se répéter de génération en génération la perte d'un enfant ? Pourquoi, toutes les femmes d'une même lignée seront-elles quittées à la naissance de leur(s) enfant(s) ? Pourquoi, certaines familles subissent-elles de multiples accidents mortels ?etc…

Afin d'aider certains de mes clients, il m'arrive de travailler avec eux ce que j'appelle leur mémoire génétique familiale pour qu'ils puissent se libérer des schémas ou des peurs qui les emprisonnent. Cette mémoire *hante*, d'une manière ou d'une autre, chacun d'entre nous de façon plus ou moins importante. Telle une ellipse hélicoïdale, nous portons en nous l'histoire de notre famille et de toutes les générations passées, qu'elle vienne de notre père ou de notre mère… En nous libérant de ces schémas, de ces peurs, nous cassons cette répétition et nous aidons ainsi nos enfants à ne pas revivre ce qui se reproduisait de génération en génération…

Nous sommes un « savant » mélange de notre père et de notre mère qui eux aussi sont la somme de leurs propres parents et ainsi de suite… Même si la connaissance de notre histoire familiale nous est inconnue, nous la portons en nous, dans nos « gênes ». Certains épisodes de vie qui se sont répétés dans notre histoire familiale, impriment en nous des peurs, des blocages que nous transmettons inconsciemment ou non à nos enfants et que nos aïeux nous ont transmis…

Pour illustrer ces propos, je vais vous faire part de ma propre expérience.

*Je me souviendrais toute ma vie du jour, où, avec mon compagnon, que je venais de rencontrer, nous avons pénétré dans la cour de la maison familiale, en moto. Le sang de mes parents n'a fait qu'un tour. L'angoisse et même la terreur se lisaient dans leurs yeux. Dans ma famille, aujourd'hui encore, rien que le mot « moto » est capable de saisir d'effroi mes parents, mes frères, mes oncles et tantes et mes cousins et cousines. Et pour cause... Il y a une soixantaine d'années, l'une de mes cousines a trouvé la mort, renversée par un deux roues. Quelques années après, son frère se tuait dans un accident de moto. Puis ce fut l'une de ses sœurs qui devait être marquée par un accident de moto de son fils, aujourd'hui paralysé. Par ailleurs, je sais que mon petit frère, né avec un handicap à une jambe, est, mort dans des conditions similaires lors de sa précédente incarnation. Autant dire que j'ai été conditionnée dans l'idée de ne jamais approcher de tels engins. Cette peur, que m'ont transmis mes parents et tout mon cercle familial, je l'ai moi-même transmise à mes enfants à qui j'interdisais ne serait-ce que des promenades à vélo avec leurs copains, tant j'avais peur qu'il leur arrive quelque chose. Plus tard, lorsque j'ai rencontré l'homme, qui partage désormais ma vie, je me souviens du trouble, que j'ai ressenti au fond de moi, lorsqu'il m'a annoncé qu'il était, non seulement motard et qu'il faisait aussi des courses de moto. A force de de persuasion délicate, il a réussi à me convaincre de monter derrière lui pour des balades en moto. J'étais tétanisée, mais l'amour me donnant des ailes, j'ai voulu lui faire plaisir. Ce fut à la fois l'une des plus terrifiantes et meilleures expériences de ma vie. J'ai été saisie par cette formidable sensation de liberté ! Depuis, dès que les beaux jours arrivent, j'ai hâte de partir en balade ! Mon compagnon est arrivé dans ma vie pour rompre ce schéma. Mes parents ne comprendront sans doute jamais ce qui m'a poussé à monter sur une moto, mais pour ma part je suis ravie d'avoir osé affronter cette peur ancrée en moi par la mémoire familiale transgénérationnelle. Avoir franchi ce pas, m'a permis de libérer toute ma lignée. Grâce à cet effort de dépassement, mes enfants n'ont plus peur du tout et mes petites-filles peuvent joyeusement faire du vélo sans avoir à ressentir que les adultes autour d'elles tremblent d'angoisse.*

Dans le cas de ma famille, les raisons de cette angoisse collective avaient une origine, dans la matière, connue de toutes et tous. Il n'y avait pas de mystère mais simplement une peur ancrée au plus profond de chacun de nous.

Parfois, ce n'est pas le cas. Certaines personnes sont bloquées face à une peur ou un état émotionnel incompréhensible, sans avoir la possibilité de prendre conscience du nœud générationnel qui les bloque.

Ce fut l'expérience vécue par Pierre.

*Pierre a toujours aimé la proximité avec l'eau, que ce soit sur une plage en bord de mer, sur les rives d'un lac ou d'une rivière. Pourtant, rien que l'idée de s'enfoncer dans ses profondeurs le terrifiait. Il n'a jamais su expliquer ce paradoxe. Enfant, il avait tenté d'apprendre à nager, mais une angoisse irrationnelle l'en empêchait. Un jour, en consultation, il a abordé sa peur sans pouvoir l'expliquer factuellement.*

*Ses guides m'expliquèrent que sa lignée avait déjà perdu l'un de ses membres par noyade, trois générations auparavant. Pierre s'est senti traversé par une multitude d'émotions et s'est mis à pleurer, sentant que les informations qui lui étaient données étaient justes. Il est sorti de mon cabinet farouchement déterminé à dépasser cette peur. Il s'est rendu dans une piscine, s'est inscrit à des cours de natation. Aujourd'hui, il est membre d'un club de plongée sous-marine et s'adonne à ce loisir dès qu'il en a l'occasion.*

## Le manque de communication au cœur des traumatismes : non-dits et secret de famille

Chacun se forge selon le dessein de vie de son enfant intérieur, ses propres choix, sa sensibilité mais aussi selon la qualité de ses rapports et de ses échanges avec ses parents. Les non-dits et les secrets de famille torturent inconsciemment les uns et les autres jusqu'à ce que l'un des membres en prenne conscience et les dépasse.

Les **non-dits d'origine traumatiques** et le manque de communication entre parents et enfants sont souvent sources de très graves troubles.

Crimes de guerre, maladies mentales, viols, incestes, meurtres, grossesses dissimulées, enfants abandonnés, etc. sont autant d'événements traumatiques venimeux que de nombreuses familles tentent par tous les moyens de garder sous silence, par peur de la « mauvaise réputation » ou par instinct de protection envers leur descendance.

Pendant des siècles, ces familles étaient à mille lieues d'imaginer les dégâts que ces secrets pouvaient provoquer sur leur descendance. Elles s'étonnaient de voir ses membres empêtrés dans des dépressions chroniques, dans des comportements autodestructeurs voire dans des attitudes suicidaires, etc. Or, ces attitudes, surtout lorsqu'elles concernent plusieurs membres d'une même famille, sont bien souvent des signes de malaises intrafamiliaux généralisés induits par des secrets et des non-dits.

En effet, l'**énergie traumatique** mute, dans la plupart des cas, en énergie de victime. Elle se déploie, se diffuse, rayonne et peut même, dans les cas extrêmes, être perçue par la « sensibilité » des prédateurs d'où l'importance de la transformer au risque de faire subir de nouveaux traumatismes graves à la famille.

Rompre avec la logique du déni, de la culpabilité silencieuse permet de couper court à ce processus énergétique. La révélation d'un non-dit agit comme un prisme correcteur. Les langues qui se délient ouvrent la conscience et permettent de faire une relecture de sa vie. Elles rattachent enfin nos difficultés émotionnelles à des faits concrets.

Dans l'absolu, si personne n'ouvre jamais la bouche, rien ne peut se faire, la lignée ne peut se libérer.

À de nombreuses reprises au cours de ma carrière, en consultation, j'ai été amenée à dévoiler des secrets de famille afin de libérer le mental de mes clients. J'ai la capacité de faire émerger les secrets emportés dans leur tombe par les défunts qui empoisonnent les vivants.

*Ce fut le cas d'Iris.*

*Iris est venue me voir en consultation afin de rentrer en contact avec Michel, son défunt père avec qui elle avait eu une relation privilégiée. Il m'a immédiatement annoncé qu'il souhaitait éclaircir un point essentiel : il n'était pas son père biologique !. Michel m'expliqua qu'il avait toujours eu un doute, mais savait désormais que lui et sa fille n'avaient pas de parenté génétique. J'hésitais à annoncer la nouvelle à Iris. Michel me répétait qu'il fallait qu'elle sache. Il me précisa le contexte familial dans lequel Iris avait grandi. Sa mère, qui avait eu quatre enfants, avait toujours eu une attitude très dure vis-à-vis d'Iris, la malmenant bien plus injustement que ses frères et sœurs ainés. Maintenant qu'il n'était plus là pour la défendre et équilibrer ce désordre, il fallait qu'elle comprenne la posture de sa mère.*

*Pourquoi faisait-elle de telles différences ? Parce Iris était le fruit d'une grande histoire d'amour que sa mère avait eu alors qu'elle était mariée. Elle était prête à tout quitter pour son amant. Mais ce dernier n'a pas eu le courage de changer de vie malgré l'amour qu'il lui portait. Enceinte la mère d'Iris a décidé de garder l'enfant et s'est tue sur l'origine de sa conception. Cependant, aux yeux de sa mère, Iris lui renvoyait son adultère et sa grande histoire d'amour. Pour Michel, il était essentiel qu'Iris comprenne pourquoi sa mère agissait ainsi. Je savais que cette information serait difficile à entendre pour Iris, d'autant que je ne disposais d'aucun fait concret. « Demandez-lui si elle ne trouve pas étrange qu'elle soit la seule et unique blonde aux yeux bleus alors que dans notre famille nous sommes tous bruns ? »*

*De plus, ses guides m'apprirent que dans son futur, une autre famille l'accueillerait à bras ouverts. J'ai finalement informé Iris. Elle est sortie de mon bureau bouleversée et en colère m'accusant de raconter n'importe quoi. Sur le moment, je savais que par le verbe, je l'avais choquée.*

*Si Iris n'a pu aborder cette information avec sa mère, c'est cette dernière qui lui a avoué sur son lit de mort, quelques années après, que Michel n'était pas son père et lui a parlé de son père biologique qui était leur ancien médecin de famille, parti s'installer dans une autre région. En proie à de fortes émotions, Iris n'a pas pu interroger plus avant sa mère.*

*Deux ans après, une femme a appelé Iris. Son père mourant avait avoué à ses enfants avoir eu un autre enfant : Iris. Elle souhaitait la rencontrer en toute bienveillance.*

*C'est à cette époque qu'Iris est revenue vers moi. « Je ne pouvais pas vous croire vous savez ! ». Elle avait énormément de mal à accepter ces changements. Elle n'avait pas donné suite à l'invitation de sa demi-sœur. Il a fallu que je l'aide à faire le deuil de fausses-vérités qu'elle avait cru toute sa vie. Le cheminement a pris du temps mais Iris y est parvenue. Sous l'impulsion de sa fille, elle a accepté de rencontrer sa nouvelle famille avec qui elle a tissé de jolis liens.*

Toutefois, déterrer les secrets, révéler l'existence d'un aïeul rayé des portraits de famille peut également être riche de surprise.

La révélation de secrets peut aussi permettre de faire la lumière sur ce que nous pensions être des acquis et qui, finalement, se révèlent être des talents légués par des ancêtres (habilité pour le dessin, appétence pour une activité manuelle, pour la pratique d'un instrument de musique, pour parler une langue étrangère, pour l'appréciation d'un mode de vie, etc.) ou la révélation d'une certitude intime qui résonne dans notre être sans que nous ayons pu en identifier l'origine jusqu'alors.

Ce fut l'étonnante expérience vécue par Benoît.

*Benoît aime le bois. Au-delà de la rime, son goût prononcé pour cette matière végétale l'a amené à devenir ébéniste. Véritable artiste, il connaissait un beau succès. Son talent hors pair pour la sculpture sur bois était reconnu dans son milieu professionnel. Lui, a toujours considéré qu'il s'agissait de son talent, de sa passion comme d'autres aiment le foot ou la pêche.*

*Il n'avait jamais connu ou même entendu parler de ses grands-parents maternels. En effet, sa mère avait très jeune fui son milieu pour ne jamais y revenir.*

*Son grand-père est venu pour faire connaissance avec lui à travers moi. Il me parla d'abord d'une grande armoire en chêne. Un meuble qu'il avait façonné de ses propres mains pour l'offrir en mariage à sa fille, la mère de Benoît. Bûcherons, employés de scierie, ébénistes, il apprit à son petit-fils que les hommes de sa lignée, depuis des générations, avaient tous travaillé dans le bois.*

*Son penchant naturel pour le bois était donc davantage lié à ses origines génétiques qu'à son libre-arbitre.*

Certaines choses sont inscrites dans le sang et se réverbèrent sur les descendants.

Nous sommes tous le maillon d'une longue chaîne de générations qui forme un TOUT, sur un plan plus élevé. C'est pour cela que nous avons parfois, curieusement, l'impression d'avoir à « payer les dettes » du passé de nos aïeux. Une sorte de « loyauté invisible » semble nous lier les uns aux autres. Elle nous pousse à répéter, que nous le voulions ou non, que nous le sachions ou pas, des situations agréables ou des événements douloureux. Nous sommes moins libres que nous le croyons, mais nous avons la possibilité de reconquérir notre liberté et de sortir du destin répétitif de notre histoire, en comprenant les liens complexes qui se sont tissés dans notre famille.

Certaines lignées sont visiblement marquées par le destin qui semble s'acharner sur elles. Certaines maladies héréditaires, certaines morts brutales, certains suicides qui se répètent relèvent-ils du hasard ou d'une malédiction ? En vérité, il ne s'agit ni de hasard ni de malédiction au sens habituel du terme. Il s'agit d'un conflit qui se transmet de génération en génération parce qu'il n'a pas été résolu, parce qu'il n'a pas été dit ou parce qu'il a été « mal dit ». C'est en ce sens que nous pouvons parler de malédiction.

Toutefois, ce qui est utile à retenir, c'est qu'il suffit de prendre conscience du conflit et de le dépasser pour conjurer définitivement le « mauvais sort ».

**Un lien karmique dénoué peut influer sur dix générations** (ascendantes comme descendantes).

### Mon travail d'aide à la libération générationnelle

Mon travail touche autant à la compréhension du chemin de l'être humain, du vécu de son âme et de ses connexions avec ses racines familiales qu'à l'apaisement de tensions liées à son passé. J'ai accès aux images réelles ou symboliques à l'origine de ses traumatismes. Mon rôle est de les accueillir, de les rendre intelligibles pour la personne qui se trouve en face de moi, afin qu'un chemin de cicatrisation des blessures du passé devienne accessible. Ainsi, la matérialisation d'une solution imagée vient désactiver la résonance négative du vécu d'origine. Un événement traumatique, un mensonge ou un non-dit mis à jour peut apaiser et ne plus conditionner négativement la personne qui en est victime. À condition toutefois qu'elle soit accompagnée dans cette démarche de compréhension jusqu'au moment ultime du dépassement.

De nombreux clients ont simplement besoin de donner un sens à leurs souffrances, leur mal-être ou leurs blocages. Mettre des mots sur des ressentis, des impressions, des douleurs qui deviennent insurmontables si elles n'ont pas une « raison logique » d'être. Lorsqu'ils découvrent, dans certains cas, la détresse d'un ancêtre ayant eu un vécu encore plus lourd que le leur, ils mesurent alors tout l'enjeu de la situation. Loin de vouloir chercher des responsabilités pour accuser ceux qui nous ont précédés, c'est l'inverse que je propose en séance.

Le dénouement de nœuds générationnels, à l'inverse du déni, permet de conserver un lien avec la richesse d'un passé, quoi que nous fassions, ineffaçable.

### Libération transgénérationnelle et résilience

Il arrive que certains de mes consultants finissent par dépasser la simple d'explication des troubles qui les affectent pour glisser vers la quête du sens même de leur vie. Avoir vécu un dénouement karmique familial leur a permis de se réaliser dans leurs besoins profonds. Ils ont créé dans la matière les conditions de leur épanouissement afin de se réaliser dans leur vie et plus seulement dans leurs rêves.

Aujourd'hui beaucoup plus de gens, pas tous encore, sont dans des réflexions plus profondes.

Le XXIe est un siècle extraordinaire. Il révise les codes de la famille. C'est le siècle de l'introspection et du développement personnel.

Notre vie à chacun est un roman. Vous, moi, nous vivons prisonniers d'une invisible toile d'araignée dont nous sommes aussi le maître d'œuvre. Prendre conscience, chercher à comprendre ces répétitions et ces coïncidences, éclaircit l'existence qui devient plus claire, plus sensible. Travailler à se libérer de son conditionnement familial, à se comprendre, c'est nous offrir la possibilité de découvrir qui nous sommes, ou qui nous devrions être. Surtout, ce travail doit vous permettre de comprendre que vous ne comprendrez JAMAIS tous les enjeux sous-jacents de vos relations familiales. Cessez de penser que vous connaissez parfaitement votre mère, votre père, votre sœur, votre frère, votre cousine, etc. C'est faux et impossible. Acceptez les choses comme elles sont ou passez votre chemin. Tout ce qui importe, c'est d'avancer sur le chemin de l'ouverture et de la compréhension.

Pour échapper à ces fils invisibles, à ces « triangulations », à ces répétitions, il est nécessaire de reconquérir notre liberté en comprenant ce qui se passe, en saisissant ces fils dans leur contexte et dans leur complexité.

***Nous devons nous donner le droit d'intégrer notre propre vérité, notre liberté d'être.***

Lorsque nous transformons le lien, que nous dépassons nos peurs profondes de nombreuses choses changent pour les générations suivantes.

## CONSEILS POUR ACCÉDER A DES INFORMATIONS SUR NOS VIES ANTÉRIEURES

** Face à un lieu où une personne qui vous provoque une émotion, je vous conseille d'***écouter vos ressentis***, vos intuitions, vos vibrations intérieures.*

*— Prenez cinq minutes pour respirer, pour vous ancrer dans le chakra du Cœur.*

*— Gardez à l'esprit que vous n'êtes plus aujourd'hui responsable de vos agissements passés. Vous n'êtes plus acteur mais spectateur. Pour se comprendre, il faut faire preuve d'un recul juste.*

*— Lorsque le courant ne passe pas avec quelqu'un il est important de prendre contact afin de dépasser le blocage et de permettre à l'âme de lâcher cette expérience et de la rendre à l'univers pour ne plus jamais y être soumis.*

** la* **méditation** *ou l'***hypnose régressive** *sont des disciplines qui permettent d'accéder à des images et des sensations précises de vies passées.*

*— pratiquer avec un professionnel est l'idéal. Il est toutefois possible de pratiquer seul.*

*— demander toujours l'aide et la protection de vos guides dans ce genre de quête.*

## CONSEILS POUR ROMPRE SES NŒUDS TRANSGÉNÉRATIONNELS

— Gérer et accepter ses nœuds karmiques familiaux permet de s'en défaire définitivement.

— Pour atteindre un niveau de recul juste, faites en sorte de ne plus être acteur mais spectateur des situations. Observer rationnellement les différents points de vue afin de mieux comprendre les enjeux.

— Éviter, à tout prix, de se persuader de vérités injustifiées. Il est important de trouver les réponses en nous. Ce n'est qu'ainsi que nous pouvons comprendre notre fonction et vivre la vie de manière plus douce. Une bonne relation se nourrit tous les jours.

## COMMENT DÉPASSER UNE RÉPÉTITION GÉNÉRATIONNELLE ?

### *1. OSER S'AFFIRMER*

Y parvenir est un travail de chaque jour, le cheminement de toute une vie. Chaque nouveau jour est une nouvelle occasion de mieux nous connaître et d'affirmer qui nous sommes. A chaque opportunité qui se présente, il convient de se donner le droit d'être différent, au mépris du regard de l'autre. Bien entendu, le cheminement se fait pas à pas. Petite victoire après petite victoire pour finalement obtenir une grande victoire. Dès lors, nous pouvons enfin vivre ainsi « notre » vie, et non celle de nos parents ou grands-parents, ou d'un frère décédé, par exemple. S'il n'y a ni hasard ni nécessité, nous pouvons toutefois saisir notre chance, prendre en main notre destin, et éviter les pièges des répétitions transgénérationnelles inconscientes. Ces liens complexes peuvent être vus, sentis ou pressentis, du moins partiellement, mais généralement nous n'en parlons pas : ils sont vécus dans l'indicible, l'impensé, le non-dit ou le secret.

### *2. SE CRÉER SA PROPRE FAMILLE*

La plupart d'entre nous, cherche désespérément à rencontrer de nouvelles personnes afin d'être entourés. Nous nous créons une famille de cœur, composée de personnes que nous choisissons en notre âme et conscience. Autrefois, bon nombre de Chrétiens et de croyants de tous bords, trouvaient une famille, un sentiment d'appartenance à un groupe, au sein d'une paroisse, d'une communauté. Aujourd'hui les choses sont différentes.

**La génétique générationnelle ou comment dépasser les blocages émotionnels de l'enfance, induits par les parents ? Plus vite nous prenons conscience de nos blocages et tentons de les dépasser, plus vite nous venons en aide à nos descendants et ascendants.**

**Pour aller plus loin**

*Réincarnation*
ALLIX, Stéphane, *Lorsque j'étais quelqu'un d'autre*, Mamaédition, 2017.
ENCAUSSE, Gérard (PAPUS), *La Réincarnation, ce que deviennent nos morts*, Ed. Dangles, 1968.
STEVENSON, Ian, *Réincarnation et biologie*, Dervy, 2002.
TUCKER, Jim, *La vie avant la vie*, Dervy, 2016.

*Mémoire transgénérationnelle*
BREBION, Jean-Philippe, *L'empreinte de l'âme*, Éditions Quintessence, 2007.
FREUD, Sigmund, *Totem et tabou*, Payot.
JUNG, Carl, *Traité sur l'inconscient collectif.*
ANCELLIN-SCHUTZENBERGER, Anne, *Aïe mes Aïeux*, 2002.

THÈME 8

# LE DEUIL DES AUTRES

Autour de nous, vibre un vaste monde invisible. Ce monde est peuplé d'énergies, de guides, d'anges gardiens mais aussi de celles et ceux qui nous ont quitté.

Certains de ces êtres s'adressent à vous par de subtils murmures sans que vous les entendiez, contrairement à moi. Pourtant, ils s'expriment sans cesse. Ils offrent leur aide ou vous demandent la vôtre. C'est pour cela, avant toute autre chose, que mes clients viennent me consulter. Dans la plupart des cas, la médium que je suis est sollicitée pour entrer en contact avec les défunts. Aujourd'hui, je considère mes « dons » comme des cadeaux de la vie.

Mon travail s'adresse, pour beaucoup, aux personnes qui ont perdu un être cher et qui vivent dans la colère, l'injustice ou encore le chagrin. Elles sont nombreuses à éprouver le besoin de me consulter, pour trouver du sens à ce qui leur arrive et pour entrer en contact avec leurs disparus et avec leurs guides. Je les reconnais immédiatement à leur regard terne, aux taches qui assombrissent leurs auras et à leurs chakras bloqués, surtout celui du Cœur. En eux, l'énergie (tellurique comme universelle) ne circule souvent plus ou très peu.

Le deuil d'un être cher est une blessure psychique extrêmement profonde. L'enfant intérieur est en insécurité, la joie n'existe plus. Il est primordial de prendre soin de cette souffrance, même si cela prend du temps. Un deuil laissé à l'abandon peut avoir des conséquences sur notre état de santé.

Si certaines personnes parviennent à gérer seules leur deuil, la plupart d'entre nous a besoin d'être enveloppé lorsque notre peine est lourde à porter. Les épreuves et les difficultés dont nous faisons tous l'expérience durant notre existence, jusqu'à la dernière minute ont TOUTES une raison d'être. Accepter les épreuves, et notamment le deuil de certains de nos êtres les plus chers, permet de retrouver une certaine paix intérieure.

Le deuil comporte plusieurs étapes que chacun traverse à sa manière. Mon travail consiste à aider les personnes, en grande difficulté émotionnelle, à progresser, à retrouver leur confiance en elles, leur force de vie et leur chemin. Je leur permets d'être plus ouverts aux signes que leurs défunts leur envoient. Je m'efforce de libérer leur mental obscurci par la rumination de leur chagrin, pour qu'ils retrouvent leur essence de vie.

S'il existe une grande variété dans la palette de nos émotions ce n'est pas un hasard. Certaines existent pour nous protéger. C'est le cas de la peur qui n'est autre qu'un instinct de protection primitif. D'autres, comme la colère, sont handicapantes mais peuvent être aussi transformées. Il est très important de laisser s'exprimer nos émotions afin de ne pas rester englué dedans.

En transformant notre chagrin, nous nous libérons de cette émotion, et retrouvons la paix et l'harmonie en nous.

***Retrouver le mouvement de la vie est ESSENTIEL, quels que soient les efforts que cela vous demande.***

## Prendre soin de son deuil

Bien sûr, lorsque nous venons de subir la perte d'un être cher, nous nous faisons l'effet d'une boule de douleur, d'un corps anesthésié par le chagrin et vidé de toute perspective. Le futur, même proche, n'a plus sa place dans nos pensées. Pourtant, il existe bien dans la matière. Tôt ou tard, il refera surface, le mouvement de la vie reprendra comme il l'a toujours fait depuis l'aube des temps. Respirer est un mécanisme provoqué par l'instinct de survie. Vivre est un mécanisme relié à notre mental et à notre cœur. Les personnes qui viennent de subir une perte respirent souvent sans vivre alors que chacune de ses deux actions est essentielle pour aller au bout de son expérimentation humaine. Ainsi, elles ne vivent pas mais survivent jusqu'au jour où leur corps leur dira stop !

Gardez à l'esprit qu'aller contre ses émotions de chagrin demande beaucoup d'énergie, bien plus que de les exprimer. Ne pas traiter ses émotions enferme dans la dépression. Pleurer est la seule action que vous pouvez réellement poser.

**Vivre dans un deuil non résolu nuit à la santé.** Bien plus que nous ne pouvons le penser. J'ai cessé de tenir le compte de tous mes clients et connaissances qui se sont « laisser-aller », comme le dit l'expression, après la perte d'un conjoint, d'un enfant, d'un proche, d'un ami, etc. Leur douleur a systématiquement fini par se graver, se cristalliser dans leurs corps, mettant en péril leur propre vie de manière à les confronter frontalement au choix le plus fondamental qui soit :

— trouver l'énergie de prendre soin de sa santé et de son deuil = vivre
— continuer à s'engluer dans la mélancolie = tomber malade

Le premier exemple concret qui me vient en tête lorsqu'il s'agit de ce sujet est celui de Françoise.

*Il y a de cela quelques années, elle a perdu en seulement quatre ans pas moins de trois êtres chers : sa maman, son compagnon et enfin son papa. Elle était très mal en point, émotionnellement dévastée. « Tout le monde s'en va. Pourquoi je reste ? » Elle s'est mise en tête qu'elle était victime d'une malédiction et qu'elle serait la prochaine sur la liste. Elle est venue chercher auprès de moi une confirmation de sa théorie.*

*Françoise avait totalement perdu le sens de la vie. En effet, elle souffrait terriblement de douleurs diffuses dans les jambes, les hanches, le dos, etc. Plus rien n'allait bien. Je lui ai immédiatement fait part de ce que je percevais. Tous ses maux, aussi douloureux étaient-ils pour elle, n'étaient que des bobos, des manifestations physiques de son mal-être intérieur. Nous avons longuement discuté. J'ai beaucoup parlé. J'ai partagé avec elle tout ce que je percevais, lui transmettant des messages de la part de ses guides et de ses défunts. Des larmes ont fini par rouler sur ses joues. Elle s'est effondrée. « J'ai perdu le sens de ma vie ». Chaque goutte de son chagrin qu'elle évacuait la libérait un peu plus. Les vannes étaient ouvertes. Françoise affrontait son chagrin et ses manques affectifs. Le temps des prises de conscience était arrivé pour elle. Elle a pleuré jusqu'à être vidée de toutes ses larmes. En partant, elle m'a confié, « j'ai compris que je n'étais plus dans ma vie, mais dans ma mort ». Quelque temps plus tard, elle a téléphoné au cabinet pour me remercier. Elle était pleine de projets et se sentait suffisamment remplie d'énergie pour tous les concrétiser. Je sens au fond de moi que ce jour-là, elle a libéré de l'espace dans son corps et dans son esprit pour laisser entrer l'apaisement et la Vie.*

Dans le cas de Françoise, il s'agissait de simples bobos mais malheureusement la douleur émotionnelle aiguë et non soignée peut aller jusqu'à créer des maladies graves, comme le cancer, chez certains individus.

### Entrer en contact avec un défunt aide à soulager la peine

Lorsque notre vie est ébranlée par la perte de quelqu'un que nous aimions ou avec qui nous partagions la vie, notre quotidien est bouleversé. Nous sommes anéantis physiquement et mentalement par la douleur, aux prises avec une rumination mentale excessive des souvenirs. Cette phase est « normale ». Ne vous jugez pas, ne jugez pas un proche en deuil. Chacun a besoin d'une durée d'adaptation qui lui appartient. L'essentiel est que cette obsession finisse par s'apaiser progressivement. Toutefois, certaines personnes peuvent s'enfermer dans une détresse profonde qui se manifeste par un effroyable désastre moral.

Ce désastre moral peut se traduire par un comportement compulsif. Par exemple, se dépenser intensément intellectuellement ou physiquement. La compulsion peut également prendre une tournure malsaine. Il ne faut surtout pas hésiter à demander de l'aide à vos proches ou à des professionnels, si vous en avez besoin. Consulter un médecin si votre état de santé se détériore ou si vous éprouvez des malaises persistants.

En général, celles et ceux qui me sollicitent souhaitent entrer en contact avec un défunt. Ils sont préoccupés par le même type de questions, même s'ils ne m'en font pas nécessairement part oralement. Comment va-t-il, va-t-elle ? Souffre-t-il, souffre-t-elle ? Qui a-t-il, a-t-elle, retrouvé ?

Dans la plupart des cas, ce sont d'ailleurs les premières informations que j'obtiens de la part de leurs guides puis des âmes avec qui j'entre en communication. Elles aussi sont pressées de calmer les angoisses des proches qu'elles ont laissés derrière elles. Très souvent, il leur tient à cœur de revenir sur les rapports qu'ils entretenaient avec le consultant, puis de délivrer leur(s) message(s).

Par ailleurs, je suis toujours stupéfaite de me rendre compte du nombre de personnes qui franchissent la porte de mon cabinet, le cœur rempli de regrets de n'avoir pu dire à leurs proches à quel point ils les aimaient ou de « ne pas avoir fait... ».

Pourquoi faut-il que la mort sépare les êtres pour qu'ils mesurent l'amour qu'ils se portent ? D'un côté comme de l'autre. Pourquoi est-il si difficile de dire aux gens qu'on aime, qu'on les aime ? Si ma médiumnité me permet de faire le lien entre les vivants et ceux partis, je ne saurai trop que vous conseiller de ne pas hésiter à dire à vos proches que vous les aimez et tenter de dépasser vos griefs car nombreux sont les consultants qui dans mon cabinet expriment leurs regrets.

### *Ma perception au moment du contact*

Je ne vois pas les âmes avec mes yeux et ne les entends pas avec mes oreilles. Je communique avec des consciences supérieures qui me transmettent des informations importantes qui doivent permettre au consultant de se libérer.

L'âme qui s'exprime me fournit les éléments essentiels que je dois connaître pour permettre à leurs proches de se libérer du chagrin, de la culpabilité ou du regret causés par leur deuil. C'est pourquoi j'ai rarement besoin de m'appuyer sur des supports visuels, comme des photos ou des objets par exemple.

### *Le chemin de l'âme après le trépas*

Lorsqu'une personne meurt, l'âme quitte son corps physique. L'être revoit le film de sa vie pour s'élever, un processus de compréhension se met en route.

Au niveau subtil de l'âme, la mort est une « simple » étape dans son processus de vie, dans son cheminement. La cause profonde de la mort n'est jamais dépendante de la matière, mais se situe dans un plan plus subtil. Quelles que soient les circonstances dans lesquelles nous perdons la vie, je suis certaine qu'au moment de quitter cette terre, inconsciemment, nous nous y préparons.

*J'ai une pensée particulière pour Yves, qui a trouvé la mort alors qu'il faisait du vélo. Après son décès, son épouse m'a appris qu'il avait, 8 jours avant qu'il ne meure, insisté pour régler les formalités de succession et bancaires que le couple devait acter depuis longtemps « comme si il savait qu'il allait arriver quelque chose ! »*

Lorsque toutes les cases de la feuille de route élaborée par l'âme avant sa naissance, sont cochées, l'expérimentation humaine peut prendre fin. Il est alors temps pour l'âme de rejoindre un plan plus élevé, pour tirer les leçons des enseignements qu'elle a suivi, puis se préparer pour un nouveau voyage.

Les personnes les plus ouvertes, les plus éveillées peuvent avoir conscience de ce phénomène, c'est le cas par exemple de certains grands maîtres bouddhistes qui sont capables de prévoir le moment de leur départ. Ils passent alors ce cap en pleine conscience du processus en œuvre.

Ainsi, même si certains défunts tout justes décédés peuvent « vivre » quelque temps dans une certaine confusion, en réalité , ils s'y sont déjà préalablement préparés. Personne n'échappe à la mort. Tout le monde, tôt ou tard, expérimentera ce voyage et découvrira ce qui se trouve derrière le voile. Là-bas, il n'existe ni bien ni mal.

*Je me remémore ainsi l'histoire d'un couple. Sans que je le sache, chacun des deux partenaires était déjà venu me consulter. L'homme est mort brutalement. Sa femme est revenue me voir après ses funérailles. Elle voulait savoir pourquoi son mari avait toujours été très dur avec elle. Lors de cette séance, j'ai assisté à une réconciliation en direct dans mon cabinet. Le défunt, qui avait très bien réussi professionnellement, réalisait qu'il avait négligé sa famille et ses amis. Lors de la consultation, il a donné à sa femme des détails sur les raisons de ses négligences affectives. Il lui a avoué avoir été marié une première fois et avoir beaucoup souffert. Pour se protéger, il a alors fermé son cœur. Après sa mort, il a pris conscience que son comportement avait fait souffrir sa femme alors qu'il l'aimait et pour lui, il était essentiel qu'elle le sache afin qu'elle puisse continuer son chemin de Vie plus sereinement.*

C'est d'ailleurs pendant cette phase transitoire de remise en perspective de leur vie et des conséquences de leurs actions que les défunts sont capables d'agir et d'aider les vivants.

*Comme ce fut le cas pour Camille, une autre de mes clientes, qui avait perdu son père. Entre eux, la communication était difficile. À tel point, qu'elle avait le sentiment d'avoir affaire à un inconnu qui ne faisait pas grand cas de sa propre famille. Pourtant, le jeune fils de Camille assurait être en contact avec son défunt grand-père. Il disait le voir dans sa chambre et avoir des conversations avec lui. D'après l'enfant, son aïeul l'aidait régulièrement à faire ses devoirs et lui soufflait, de temps à autre, des réponses aux questions qui lui étaient posées lors de ses contrôles. Loin d'être effrayée, Camille écoutait avec curiosité son fils. Elle avait le sentiment de découvrir son père depuis qu'il était mort.*

*Institutrice, elle aspirait à devenir directrice d'école. Pour y parvenir, elle devait réussir un concours qu'elle avait déjà raté deux fois. Or, l'expérience qu'elle vivait avec son fils, et son père à travers lui, modifiait ses perspectives et l'incitait à une forme de lâcher-prise. Camille s'est ouverte à une autre manière de voir la vie. Elle a fini par réussir son concours avec la certitude que, grâce à l'aide de son père, elle a pu atteindre la maturité nécessaire pour évoluer professionnellement. C'est dans les épreuves que nous grandissons !*

### *Mes différentes sources d'information*

Il arrive parfois que certains consultants viennent avec des photographies ou des objets ayant appartenu au défunt avec qui ils souhaitent entrer en contact. Je les prends, les pose devant moi mais en réalité, je n'en ai pas besoin.

Avant de démarrer toutes mes consultations, je pose, symboliquement, ma tête sur un coin de mon bureau. De cette manière, je me libère de mon mental et de mes émotions propres. Je deviens canal, prête à accueillir.

Je reçois alors des informations issues de différents plans : celles des guides, venus communiquer, du consultant, de son état émotionnel, de ses pensées, de sa vie... Je laisse venir tous les renseignements qui me sont confiés et transmet les informations que je reçois.

En même temps, un travail énergétique s'instaure et rééquilibre les différents corps de mon/mes client(s) présent(s).Il est accompagné par une douce énergie apaisante qui nous remplit, nous enveloppe. Parfois, la connexion prend un peu de temps, mais elle se fait d'une manière ou d'une autre.

### *Pourquoi consulter un médium ?*

Les personnes qui viennent me voir en consultation sont motivées par deux choses essentielles.

En premier lieu, elles cherchent du réconfort, une écoute attentive et extérieure à leur environnement habituel. Dans cette humanité, les gens souffrent d'un manque cruel d'accompagnement autour du deuil. Ils ont besoin de parler et peinent souvent à trouver dans leur entourage des personnes sincèrement à l'écoute. Les « endeuillés » ont besoin de rencontrer des personnes capables de leur mettre du baume au cœur. Malheureusement pour certains d'entre eux, ces bienfaiteurs sont rares. Souvent parce que l'entourage est lui-même meurtri par la perte, ou parce que, moins profondément touché, il est « lassé » de ne pas voir ses efforts aboutir. Certains individus fuient instinctivement la mort et tout ce qui s'y rattache, car elle les confronte à leur peur de leur propre fin. Pourtant, se sentir soutenu, bénéficier d'une attention bienveillante et d'une écoute empathique, sans jugement, permet de dépasser plus rapidement les phases du deuil les plus douloureuses. Je sais également à quel point les personnes de l'autre côté ont besoin de savoir comment se portent ceux qu'ils ont laissé derrière eux.

Par ailleurs, il peut arriver qu'un consultant cherche absolument à entrer en contact avec un défunt précis qui n'est pas disponible. Il y aura toujours quelqu'un pour lui répondre, malgré tout.

*Je me rappelle de Caroline, venue un jour me voir, car elle souhaitait absolument s'entretenir avec son père. Ce dernier a fait une brève apparition pour me dire que le moment était mal choisi, car il était occupé à aider, de son énergie bienveillante, son autre fille alors hospitalisée. Caroline a très bien compris.*

### ***Les messages des morts aux vivants***

Les consultants que je reçois sont généralement en quête de sens.

*Je pense, à Myriam, venue me voir poussée par une amie. Très cartésienne, elle venait de perdre son fils Nicolas, un de ses jumeaux, de manière brutale. Nicolas avait perdu la vie dans un accident de voiture tandis que son frère, Lucas, était au volant. Dévastée, elle n'arrivait pas à surmonter le deuil de son enfant, avec qui elle avait toujours eu une communication difficile, et s'inquiétait pour Lucas qui se sentait coupable de la mort de son frère. Enfermée dans son chagrin, elle ne percevait pas les signes que son fils lui envoyait. J'ai aidé Myriam à libérer son mental afin qu'elle puisse percevoir une manifestation de la survie de l'âme de son fils. Le soir de Noël, alors que la famille avait décidé de ne pas célébrer les fêtes de fin d'année, la télévision pourtant éteinte, s'est allumée. Le téléviseur bloqua sur une émission musicale. À l'antenne, un jeune chanteur de rap, qui portait le prénom de Nicolas terminait sa prestation. Sur l'instant, seul Lucas a compris le « signe ». Il révéla à ses parents le secret de son frère. Depuis plusieurs années, celui-ci écrivait et composait des morceaux de rap avec ses amis. Myriam n'en revenait pas, elle n'en avait jamais rien su ! Lucas fit écouter les enregistrements de son frère à ses parents. Par amour pour Nicolas et pour finaliser son rêve, ils ont fait éditer ses morceaux de musique avec toutes ses chansons.*

*Depuis, Myriam, tout comme son mari, se sent portée par cette ouverture de conscience nouvelle. Ils ne pensent plus à lui avec tristesse mais cohabitent avec son souvenir. Ils lui parlent directement et sont ouverts à toutes formes de communication. Myriam affirme recevoir régulièrement des signes de la part de Nicolas, comme autant de messages qui l'aident à avancer et à poursuivre sa propre vie. Dernièrement encore, alors qu'elle quittait son immeuble pour se rendre chez le médecin, elle a entendu la voix de Nicolas la prévenir qu'elle avait oublié son portefeuille. Ces petites « attentions » lui donnent du baume au cœur et l'encourage à poursuivre sa vie.*

Chaque épreuve fait grandir notre « être » profond. J'ai permis à Myriam d'ouvrir cette brèche et d'amorcer une autre manière de communiquer, tout comme je l'ai fait plus tard avec Catherine.

*Catherine est médecin. Un matin, elle est venue me consulter au sujet de son amie Yvonne, que je connaissais, plongée dans un coma. Les guides m'assurèrent que dans les quatre mois à venir, Yvonne se relèverait. Catherine était dubitative. En tant que médecin, elle m'assurait qu'étant donné le stade de coma d'Yvonne, une telle issue était impossible. Pourtant, les guides m'affirmaient qu'elle n'était pas arrivée au bout de son chemin.*

*Quelques semaines plus tard, j'ai reçu un appel de la part de Catherine. Tout d'abord, elle m'informa qu'Yvonne était sur pieds. Puis, elle me narra l'histoire que son amie racontait depuis son réveil. Elle assurait avoir vu de la lumière, puis s'être trouvée dans un endroit où il y avait beaucoup de cailloux. Là, elle affirme m'avoir entendu lui dire que son chemin dans cette humanité n'était pas terminé. Yvonne explique avoir soudainement réalisé que la mort est une chose facile, une évidence mais qu'en revanche, c'est la vie qui est difficile et parfois insurmontable. Pourtant, elle a choisi la vie, la difficulté et elle s'est réveillée comme après un long rêve.*

### *Les aides apportées par les défunts*

Pour faciliter le passage d'une phase de deuil à une autre, il est possible d'obtenir l'aide des défunts eux-mêmes. Communiquer avec eux est à la portée de tous, même si leurs réponses prendront des formes différentes selon leurs propres modes de fonctionnement.

Pour y parvenir vous pouvez demander :

— **l'aide de vos guides.** « *Montre-moi comment faire* ». Le simple fait de demander provoque une réponse, une sensation de soulagement. Une réponse qui prendra des formes à la fois diverses, une émotion, une larme, et unique puisque chaque individu est différent.

— **des signes de votre défunt disparu.** Ces signes pourront être une musique, des sensations, des synchronicités, etc. Soyez à l'écoute de vos intuitions et de vos sensations. Vous saurez, dans votre cœur, reconnaître un signe de celui ou celle que vous avez perdu.

Certains cartésiens associeront ce phénomène à un « *coup de chance* » ou à l'œuvre d'une « *bonne étoile* ». Pour ma part, je sais que ce sont des coups de pouce de nos proches et de nos guides.

Cela me fait penser à une petite anecdote que m'a racontée Jeanne, l'une de mes clientes.

*Il y a une vingtaine d'année, lors d'un déplacement interrégional chez des amis, elle a rencontré des difficultés avec son billet de train retour. En effet, de nature très stressée et angoissée, elle avait pris un taxi à la première heure afin de se rendre à la gare, sans déranger ses amis. Seule, sur un quai de campagne désert, elle s'est aperçue qu'elle n'avait pas son billet sur elle. Totalement paniquée, elle était dans tous ses états. À cette époque, les téléphones portables étaient encore rares et elle ne disposait pas de carte téléphonique. Dans son esprit, cette situation était tout bonnement catastrophique. Désemparée, au désespoir, elle s'est spontanément mise à parler à sa mère, partie quelques années plus tôt. « Je t'en prie maman, il faut que tu m'aides ». A peine eut-elle le temps d'achever sa prière, qu'un homme s'avança vers elle. « Comment puis-je vous aider ? » Il lui tendit son téléphone. Elle put prévenir ses amis qui eurent tout juste le temps de lui apporter son billet et de l'embrasser une dernière fois.*

J'ai conscience que tout le monde ne partage pas mes compétences particulières, même si je l'ai déjà dit, tout le monde est un médium plus ou moins éveillé. Cela dit, absolument tout le monde peut communiquer avec ses proches disparus. Leur parler directement, à haute voix ou en pensée, devrait même être la première réaction des personnes endeuillées.

Il est important de savoir que si nous leur parlons, même en pensée, ils nous entendent.

La fragilité dans laquelle nous plonge la perte d'un proche, peut nous permettre de fracturer nos barrières mentales. Ainsi, notre perception est capable de s'ouvrir aux réalités invisibles qui nous entourent. Dans ces moments-là, peut-être plus que jamais, même le plus cartésien d'entre nous peut être amené à développer la capacité de percevoir des signes, des sensations de présence, de faire des rêves qui mettent en scène l'être cher perdu. Nous avons toutes et tous cette capacité en nous, mais nos peurs et nos croyances humaines peuvent nous empêcher d'être à l'écoute.

Certains y verront de la crédulité, des hallucinations créées par la douleur émotionnelle. Un argument qui peut s'entendre. Les doutes sont, eux aussi, très importants. D'une certaine façon, ils forment une barrière protectrice. Lorsque nous souffrons d'une perte, il est très humain de chercher des signes. Le risque est d'interpréter le moindre courant d'air, la moindre coïncidence comme une manifestation du défunt, une adhésion sans nuance.

Dans ce cas-là, comment faire la part des choses ? Pour ma part, j'estime que les manifestations qui valent la peine sont celles qui nous font vibrer au plus profond de nous-même. Je crois que la valeur d'un signe se mesure à l'effet qu'il opère sur le témoin.

Sans tomber dans l'excès, j'invite chacun d'entre vous à garder suffisamment d'ouverture pour ne pas se priver de tels messages lorsqu'ils se présentent. Écoutez-vous et ne laissez personne vous mitrailler de ses certitudes, ce sont les meilleurs conseils que je peux donner.

### *Obtenir de ses disparus des réponses sur ses choix de vie*

La mort ne donne pas à l'âme une connaissance complète de l'univers et de son fonctionnement. Après leur mort, les défunts continuent à tout mettre en œuvre pour atteindre le même objectif que les vivants : ouvrir leur conscience. Une activité qui les occupe à temps plein. Si la personne décédée n'était pas franchement de bons conseils de son vivant, il y a peu de chance qu'elle le soit devenue en perdant la vie.

En effet, il y a deux choses fondamentales à ne pas confondre lorsque nous parlons de l'âme de nos chers disparus : il existe les défunts et les guides ; deux entités qui ne sont pas sur le même plan de conscience.

Le simple fait de mourir ne fait pas de nous des guides, des esprits protecteurs pour nos proches. Les âmes qui jouent ce rôle, y sont arrivées après un long processus de compréhension qui leur a permis de se libérer de tous types d'attaches, notamment aux fonctionnements psychologiques humains, afin de pouvoir prendre un recul et aiguiller les incarnés dans la justesse.

*J'ai rencontré récemment Bénédicte, une ancienne cliente, à l'histoire familiale compliquée. Nous avions fait connaissance il y a plus de vingt ans. À l'époque, elle s'inquiétait pour son fils qui était en proie à des troubles psychiatriques et pour la santé de son second mari qui souffrait d'une sclérose en plaques. Mais lors de cette rencontre, j'ai su d'emblée que son plus gros souci dans le futur concernerait sa fille, Virginie, qui n'était alors qu'une enfant.*

*Des années plus tard, Bénédicte est revenue me voir afin d'avoir des informations quant à sa situation amoureuse. Elle me donna des nouvelles de sa fille, Virginie, qui après avoir connu la drogue dure et une relation amoureuse des plus toxiques, suivait une cure de désintoxication et avait quitté son compagnon. Bénédicte se disait confiante pour l'avenir de sa fille. En tant que maman, je me sentais particulièrement touchée par le parcours de cette femme mais les informations que je recevais malgré moi n'étaient pas bonnes.*

*Quelque temps après, Virginie à sa sortie de l'hôpital est retournée chez son ex petit-ami qui lui a fourni de la drogue. Elle est morte d'une overdose dans la soirée.*

*J'ai été la première personne que Bénédicte a appelée à sa sortie de la Gendarmerie. Elle disait qu'elle craignait trop le jugement de ses proches pour les contacter. Comme nous pouvons facilement l'imaginer, cette femme était tout simplement dévastée. Durant quelques mois, Bénédicte s'est enfermée chez elle, refusant de voir qui que ce soit. Quand sa peine s'est quelque peu atténuée, elle est venue me consulter. Elle avait pris conscience que pour se sortir du deuil de la mort prématurée de sa fille, elle allait devoir procéder à un énorme travail intérieur. Elle savait que le cheminement serait long et difficile mais tenait à le faire. Elle voulait sincèrement retrouver sa force de vie, mais disait que pour y arriver elle avait besoin d'un accompagnement et me demandait de lui venir en aide.*

*En plein travail de son deuil, Bénédicte a été amenée à des prises de consciences successives qui la tirèrent tantôt vers le haut, tantôt vers le bas. Elle a développé non seulement une addiction à l'alcool mais également un cancer du sein qu'elle est parvenue à surmonter grâce à l'aide de sa défunte fille. L'âme de Virginie, devenue son guide principal, lui a permis de comprendre la situation et de l'accepter. Elle m'a confié qu'à chaque moment de faiblesse, elle ressentait sa caresse, son enveloppement tant et si bien qu'elle lui conférait force et courage. Lorsqu'elle est dans le calme et le silence, elle l'entend. Aujourd'hui, elle est convaincue que c'est précisément l'accompagnement de Virginie qui lui a permis de s'en sortir. Avec un grand sourire et un apaisement, Bénédicte m'a dit ne plus avoir besoin de mes services.*

Même si nos défunts continuent d'évoluer dans d'autres plans de l'autre côté du voile, ils tentent de nous venir en aide quand nous traversons des périodes troublées. Souvent, sans pouvoir nous l'expliquer, nous nous sentons alors comme apaisés. C'est ce qui est arrivé à Cécile.

*Cécile est une cliente qui était venue une première fois en consultation il y a plusieurs années de cela. Au cours de la séance, je sentais qu'il allait arriver quelque chose à Gilles, son compagnon.*

*Lorsque j'ai tenté d'amorcer le sujet en lui demandant comment il allait, elle m'a répondu qu'il nageait dans le bonheur puisqu'ils étaient sur le point de partir plusieurs semaines dans les Caraïbes. Quelque temps plus tard, Cécile est revenue. Gilles avait succombé à une crise cardiaque pendant leur voyage. Ainsi, il laissait derrière lui sa famille et son affaire aussi. Chef d'entreprise accompli, il était associé à ses frères. Depuis sa mort, Cécile et ses garçons étaient bien en peine de continuer à faire tourner l'entreprise sans Gilles qui en était le principal gestionnaire administratif. Pourtant, ils y sont parvenus grâce à son aide. Pour Cécile, c'est l'esprit de Gilles qui les a aidé à maintenir le navire à flot le temps que l'équipe soit rééquilibrée et que chacun comprenne les tâches qui lui incomberaient désormais. Il faisait apparaître soudainement sous leur nez le document qu'ils avaient passé des heures à chercher. Enzo, le fils de Gilles s'est avéré un parfait gestionnaire de commandes sans l'avoir jamais fait. Il dit entendre parfois la voix de son père qui l'interpelle sur des erreurs éventuelles.*

Il arrive également que des défunts confient leurs proches à d'autres vivants qu'ils savent capables de les aider à aller de l'avant.

*Il y a quelques années, alors que mon fils suivait des cours de code de la route pour passer son permis de conduire, il a fait la connaissance d'une jeune femme qui venait tout juste de perdre sa mère. Séance après séance, ils sont tombés amoureux. Un jour, il a fini par l'emmener chez moi pour me la présenter. Dès qu'elle est entrée, un lien très fort s'est créé. Une relation destinée à aller bien au-delà de la relation belle-mère, belle-fille. J'ai immédiatement su que j'avais des choses à lui apprendre et que je pourrais l'aider à surmonter les phases les plus pénibles du deuil de sa maman, en lui permettant notamment d'ouvrir son intuition et sa confiance en elle. Elle avait besoin d'un pilier et ce pilier, c'était moi. Dans un murmure subtil, sa mère me l'a confié.*

### *Se libérer du poids des promesses faites aux disparus*

*Un jour, j'ai reçu la visite d'Yvan, un jeune homme que j'ai tout de suite senti très mal en point. Il a pris place face à moi, le dos voûté. Il portait sur ses épaules une responsabilité énorme mais qui n'était pas la sienne. Son père avait quitté sa mère, sans laisser de trace, lorsqu'il avait dix-neuf ans. Sa mère en est tombée malade. Sur son lit de mort, Yvan lui a fait la promesse de veiller sur son jeune frère, de dix ans son cadet. Il a fait ce qu'il a pu mais, devenu adulte, son frère a pris un mauvais chemin. Il a été condamné à une très longue peine de prison pour meurtre. Depuis son incarcération, il a rompu tout lien avec son aîné qui depuis ruminait perpétuellement son sentiment d'échec. Yvan s'empêchait totalement de vivre. En me connectant à lui, j'ai compris que son petit frère souffrait probablement d'une forme de schizophrénie. Si cette information aurait pu donner du sens à son geste, je sentais qu'Yvan n'était pas du tout prêt à l'entendre.*

*Il fallait que je sème en lui plusieurs graines qui ont germé dans les mois qui ont suivi afin qu'il prenne peu à peu conscience qu'il n'était pas responsable des choix de son frère. Il a compris qu'il devait, pour accéder à sa part de bonheur, se consacrer à ce qui est essentiel pour lui-même en tant qu'individu.*

*Depuis, il s'est enfin accordé le droit de vivre même si subsistent, toujours chez lui, des résidus de culpabilité. Lui qui s'était convaincu qu'il ne fonderait jamais de famille, a rencontré une compagne. Ensemble, ils ont acheté une maison et essaient de concevoir un enfant.*

### *Les informations graves sans preuves matérielles*

Les personnes qui viennent me voir en consultation sont motivées par trois choses essentielles, trouver :

— une **écoute**

— un **sens** à leur perte

— des **explications** sur ce qui est précisément arrivé à leurs défunts lorsque les circonstances du décès sont obscures.

En général, lorsqu'ils parviennent à obtenir des réponses cohérentes, ils finissent par se sentir un peu mieux.

En trente ans d'accompagnement, j'ai rencontré toutes sortes de situations, parfois très difficiles. Ce qui est toujours délicat, c'est que je ne peux pas apporter de preuves matérielles. Si elles doivent être connues, elles le seront sans mon intervention. Je me contente de transmettre ce que les guides me disent et de favoriser énergétiquement les prises de consciences nécessaires.

*Il me revient en mémoire l'histoire de cette femme rongée par tout un tas de questions autour du suicide de sa fille de dix-sept ans survenu quelques mois plus tôt. Cette jeune fille, bonne élève et pianiste chevronnée, a priori équilibrée, s'est brusquement donné la mort sans laisser de mot explicitant son geste.*

*Je me trouvais donc face à une mère perdue au milieu d'un tourbillon mêlant détresse, incompréhension et sentiment de culpabilité. J'étais bouleversée par ce qu'elle était en train de vivre. J'ai établi une communication claire avec sa fille qui m'a transmis les réponses aux questions de sa mère. Elle m'expliqua qu'elle avait mis fin à ses jours à la suite de plusieurs agressions sexuelles perpétrées par son maître de musique, notamment lors de déplacements qu'il organisait afin qu'elle puisse présenter des concours. Incapable de dénoncer publiquement son agresseur, d'en parler directement à sa mère ou à qui que ce soit d'autre, elle s'était progressivement retranchée sur elle-même se laissant dévorer par son mal-être, jusqu'à rejeter totalement la vie, puis commettre l'irréparable. La mère, courageuse, m'a écoutée attentivement. Elle a accueilli ces informations même si, dans son esprit, un tel scenario était tout simplement inenvisageable.*

Au départ, je me suis interrogée. Que faire de révélations aussi graves ? Par le biais de la jeune fille, je formulais des accusations, sans preuves « concrètes » sinon le témoignage posthume d'une victime de viols. C'est elle qui me rassura. « *De toute manière il paiera, tôt ou tard* ». J'ai donc été parfaitement honnête avec cette maman même si je me suis sentie fautive de l'avoir autant bouleversée. Ma cliente est repartie tremblante, avec des informations qu'elle n'avait même pas osé imaginer. La vie allait fournir des preuves physiques de ce que j'avançais. Un an après cette séance, la mère m'a informé que quatre autres jeunes filles s'étaient unies pour porter plainte contre leur professeur.

### Les deuils impossibles

Pendant des semaines, des mois, parfois des années, le départ d'un être cher pèse sur les personnes qui viennent me voir. L'absence de celui ou celle qu'ils ont aimé plane dans leur quotidien. Parfois, elle a même été la source de rupture de liens familiaux difficiles à retisser.

Bien souvent, il ne manque à mes clients que quelques explications associées à un rééquilibrage énergétique pour amorcer une nouvelle phase du deuil. Des précisions qui leur permettent, au final, de se détacher de leur colère ou de leur incompréhension afin d'amorcer leur entrée dans la phase d'acceptation.

Mon seul et unique but est de leur permettre d'avancer différemment dans leur vie, de trouver la paix. Si pour certains une consultation peut suffire, d'autres ressentiront le besoin de venir plusieurs fois. D'après mon expérience, comme je l'ai déjà décrit précédemment, une personne confrontée à un deuil très douloureux est en réalité face à un choix concernant sa propre vie :

— travailler, œuvrer à restaurer la vibration de son âme

— ou au contraire, choisir de ne pas se relever.

Cette deuxième option est malheureusement courante. Je l'ai vécu personnellement avec la cousine de mon père.

*Cette mère de trois enfants a perdu brutalement son premier fils, un 8 avril, lors d'un accident survenu à un match de foot. Deux ans plus tard, son second fils succombait à un accident de la route, un 8 avril également. Dès lors, elle s'est totalement refermée.*

*Malheureusement, il semble que certaines âmes peuvent littéralement mourir de chagrin. Il est très facile face à des émotions aussi difficiles et profondes de s'autodétruire. Ainsi, la cousine de mon père est devenue totalement fermée à toutes les joies de la vie, oubliant au passage sa fille, son dernier enfant vivant, et ses petites filles. Elle n'a pas été en mesure d'accepter les épreuves qu'elle a rencontrées.*

*Je me rappelle toutes les fois où j'ai essayé de communiquer avec elle afin de partager sa peine et pourquoi pas, l'atténuer un peu. Je l'agaçais prodigieusement au point qu'elle me fuyait dès qu'elle sentait que je m'aventurais sur ce chemin. Elle n'a plus jamais été vraiment là, présente. Elle était prisonnière d'une forteresse de souffrance et de solitude dont elle avait elle-même jeté la clef. Son désespoir, lui, a par ailleurs provoqué un cancer auquel elle a succombé sans lutter.*

Cette histoire familiale m'a appris une grande leçon. Je ne pourrais jamais aider quelqu'un contre sa propre volonté. J'ai expérimenté son chagrin en même temps qu'elle et ai dû accepter que, malgré tous mes efforts, je n'arriverais pas à l'apaiser. J'étais tout simplement impuissante et frustrée, car il s'agissait d'une personne qui m'était chère et qui rejetait catégoriquement mon aide. C'était son choix, je n'avais qu'à l'accepter.

Dans un autre registre, il arrive parfois que je sois confrontée à des consultants qui ne parviennent pas à traverser les différentes étapes du deuil en raison de leur degré de responsabilité et de culpabilité dans la mort du défunt.

*Pour illustrer ce cas de figure précis, je pense au parcours d'Olivia. Un jour alors qu'elle circulait en voiture avec son ami Théo, elle a été impliquée dans un accident de la route. Théo, son passager, est mort sur le coup. Même si l'enquête sur les circonstances du drame a écarté toute responsabilité de la part d'Olivia, la jeune femme se torturait quotidiennement en entretenant le sentiment d'avoir pris une vie. Une culpabilité alimentée par la rancœur affichée de la famille de Théo et surtout de sa mère Régine qui, le jour de l'enterrement de son fils, a traité Olivia de « tueuse » devant toute l'assemblée. Un jour, des années plus tard, Olivia a convaincu Régine, de l'accompagner dans mon cabinet pour une consultation. Théo a expliqué à sa mère que son heure était venue et que, s'il n'était pas mort dans cet accident, il aurait perdu la vie dans un autre. Mourir jeune et de manière brutale était son destin d'âme, une expérimentation qu'il avait choisi de vivre avant même son incarnation. Régine a compris, non seulement les mots de son fils, mais également que la douleur ressentie par Olivia était au moins aussi importante que celle éprouvée par sa famille. Depuis, les deux femmes se sont libérées du poids de la culpabilité : Olivia d'avoir été au volant de la voiture qui a tué son ami et Régine de celle de n'avoir pas su protéger son enfant. Désormais, les deux femmes se côtoient régulièrement. Le chagrin profond que l'une et l'autre expérimentent depuis le jour de l'accident les a finalement rapprochées et même unies. Leur souffrance mutuelle a créé un lien très fort entre elles. Aujourd'hui elles apprécient les moments qu'elles passent ensemble et s'apaisent l'une, l'autre dans les instants plus difficiles. Si un tel revirement relationnel a été possible, c'est pour une raison en réalité très simple mais souvent difficile à accepter.*

***Lorsque nous sommes vrais, sincères, nos intentions profondes résonnent chez nos interlocuteurs. Tout le monde est capable de reconnaître la vérité et la sincérité lorsqu'il les croise.***

### *Poursuivre sa vie après la perte d'un enfant*

Survivre à sa descendance n'a, *a priori*, pas de sens. Il n'existe pas de pire épreuve dans la vie d'un être humain que de voir son enfant fauché par la mort. Un départ brutal, accidentel ou la fin d'une agonie qui laisse les parents démunis, anéantis et les pieds et poings liés dans une tristesse infinie. Comment retrouver une lueur d'espoir après qu'un si grand malheur se soit abattu sur nous ? Comment communiquer avec ceux qui restent, lorsqu'une telle faille soudainement nous sépare ?

C'est généralement dans l'espoir de voir leur peine un tant soit peu atténuée que les parents endeuillés viennent à ma rencontre.

Je pense à la terrible expérience qu'a vécu, un couple de jeunes parents parisiens. *Il y a quelques années de cela, j'ai reçu en consultation Marine, la sœur du papa, alors qu'elle venait pour tout autre chose. Son guide m'a demandé de l'alerter de toute urgence au sujet des enfants de son frère, des jumeaux de deux ans :* « Quelqu'un ne s'occupe pas correctement des petits, me répétait-il. Les parents doivent faire très attention ! ». *Bien entendu, je sais à quel point recevoir une information aussi grave et imprécise peut laisser perplexe. Quelques jours plus tard, alors que la maman venait récupérer ses enfants chez leur nounou, elle découvrait sa fille inanimée. L'enfant devait décéder quelques heures après. L'enquête a révélé non seulement qu'elle avait été violemment secouée mais que la nourrice avait déjà eu des problèmes avec d'autres enfants sans que les parents n'en aient jamais eu vent. Tous d'eux ont été profondément ébranlés par ce drame et n'arrivaient pas à se ré-ancrer dans leur vie respective. Leur couple aussi était dans l'impasse. Si la mère avait besoin de parler de ce qui lui était arrivé, le père lui vivait son chagrin dans un silence absolu. Désemparée, Marine a transmis mes coordonnées à sa belle-sœur qui m'a appelée. C'est une jeune femme perdue dans un océan de tristesse que j'ai eue en ligne. Son enfant, devenu l'un de ses guides, avait quelque chose à lui dire. Sur l'instant j'étais bien embêtée car tout ce que je comprenais était l'expression « Piou-Piou ». À ma grande surprise, la maman m'expliqua que c'était ainsi qu'elle surnommait sa petite fille. Elle me dit alors se sentir subitement remplie d'amour et de joie.*

*Si c'est encore très difficile pour elle, cette expérience, lui a permis d'accepter ce qui est arrivé. Même si, de son propre aveu, au départ, elle se forçait à sourire à la vie et aux personnes qu'elle croisait, aujourd'hui, elle le fait volontiers. Elle souhaite vivre dans la joie mais sans oublier sa fille. Cet état d'esprit lui a ouvert la voie vers une nouvelle maternité.*

Perdre un enfant dans des circonstances criminelles ou par suicide génère une colère et une culpabilité inouïes. Le poids porté par les parents est encore plus lourd que dans un contexte de maladie ou d'accident.

*Je crois que la colère la plus profonde que j'ai jamais ressentie chez quelqu'un, en trente ans d'expérience, était celle de Georges. Je l'ai rencontré avec son épouse Claudine après le décès de leur fils Arnaud, officier dans l'armée française. Ce jeune homme qui avait risqué sa vie à plusieurs reprises lors de missions, a été tué accidentellement par l'un de ses camarades lors d'un entraînement en raison d'un matériel défectueux.*

*Un drame parfaitement incompréhensible pour ses proches. Les graines d'une haine viscérale vis-à-vis de l'armée ont germé dans l'esprit des parents et plus particulièrement dans celui de Georges qui s'est muré dans une frustration non-exprimée. Ce dernier a notamment très mal vécu la pose, sur les murs de la caserne où le drame s'est produit, d'une plaque commémorative sur laquelle était gravée « héros mort pour la France ».*

*Ce drame, s'est avéré impossible à surmonter pour ce père si fier de son fils unique. Claudine, désemparée face au mutisme acide de son mari avec qui elle ne parvenait plus à communiquer, l'a convaincu de participer à une consultation. J'avais beau tenter de lui transmettre toutes sortes d'informations de la part de son fils et de ses guides et de faire un intense travail énergétique de libération de l'esprit, rien n'apaisait sa colère. J'ai fait tout ce que j'ai pu, mais n'ai pas été en mesure d'apaiser son esprit.*

*Si mon interlocuteur n'est pas prêt à lâcher prise, je suis impuissante. Je ne fais pas de miracle.*

### S'épanouir dans une nouvelle relation après un deuil

Comment accepter de poursuivre sa vie amoureuse après la disparition de celui ou celle avec qui nous pensions finir notre vie ? Cette question revient de manière récurrente dans l'esprit et surtout le cœur des consultants qui ont perdu leur compagne ou leur compagnon. Comment jongler entre ce désir de renouveau amoureux légitime et le sentiment de culpabilité naturel qui l'accompagne quasi systématiquement ? En effet, cette soif soudaine de vie entre irrémédiablement en conflit avec le regard critique que nous posons tous et toutes sur nos choix. Est-ce que je trompe mon mari ? Est-ce que je l'abandonne ? Est-ce que je salis son souvenir ? Il arrive fréquemment que je sois consultée pour « arbitrer » ce combat intérieur. Ce type de consultant, cherche à travers ma mission de messagère, un contact avec leur défunt afin d'obtenir leur assentiment, l'absolution en quelque sorte.

Si un divorce est souvent une source de colère et de mépris qui insuffle suffisamment d'énergie pour amorcer le deuil d'une relation, le mécanisme du deuil d'un être aimé est très différent. La personne qui reste, idéalise le souvenir de celui qui est parti. La mort, bien souvent, gomme les défauts. L'absence est si présente qu'elle prend toute la place et bloque toute tentative d'approche d'une personne extérieure.

*Ces réactions en chaîne composent l'histoire, très touchante, de Philippe.*

*Après vingt-cinq années d'un mariage heureux, il a perdu celle dont il était tombé amoureux à l'âge de dix-sept ans. Lorsque j'ai fait sa connaissance, il était dans une phase aiguë de colère et d'autodestruction. Il était dans un grand désespoir.*

*Père de quatre enfants et chef d'entreprise, il n'arrivait plus du tout à assumer et gérer ses obligations. Il m'expliqua que tout avait commencé le jour de l'anniversaire de l'un de ses enfants. Sa femme, Carole, a soudainement été victime d'un malaise. Prise en charge par les pompiers, elle a immédiatement été hospitalisée. Après quelques examens le diagnostic est tombé. Carole souffrait d'un cancer incurable et déjà généralisé. Si Philippe l'a courageusement accompagnée jusqu'à son dernier souffle, depuis son départ il n'avait plus de force pour rien. Lui, comme sa compagne, était un enfant de la « DDASS », aussi il n'avait absolument aucune famille pour l'épauler. Il était seul pour tout gérer et n'y arrivait pas.*

*Il était venu partager avec moi sa détresse ; ce qui fût un premier pas vers sa guérison. Rien qu'en partageant ses difficultés, sa colère et ses sentiments, il se libérait quelque peu de ce chagrin immense qu'il lui fallait absolument libérer. Toutefois, je savais dès les premières minutes qu'il y arriverait, mais que le chemin serait long et qu'il lui faudrait encore surmonter des étapes très difficiles, tant son chagrin était profond. Pendant plusieurs années, Philippe a fait son possible pour remonter la pente. Il a même fait deux ou trois rencontres féminines qui n'ont pas tenu sur la longueur. À chaque fois qu'il démarrait une relation, le souvenir de sa femme surgissait dans ses pensées, dans ses paroles et dans ses gestes. Ou ces femmes ne se sentaient pas capables d'accepter de cohabiter avec le fantôme de Carole, ou Philippe coupait court persuadé que plus jamais il ne pourrait être amoureux. Et pourtant… il a fini par rencontrer quelqu'un, une femme éprouvée par la perte de son enfant. Leurs deux douleurs se sont rejointes. Ils se sont compris.*

*De plus, sa nouvelle compagne a réussi l'exploit de ne pas être jalouse de Carole. Philippe a réussi à élargir son cœur blessé. Il lui a tout simplement fait une place. Maintenant, ils sont simplement heureux. Sa nouvelle compagne apporte à la famille son énergie féminine bienveillante et maternante pour ses enfants. Relever cette famille est devenue, pour elle, une mission de vie facilitée par le fait qu'elle exprime régulièrement le sentiment d'être guidée par Carole elle-même.*

### Transformation, résilience et épanouissement

Parvenir à rebondir après la perte d'une personne que nous avons sincèrement aimée peut-être un formidable moteur pour ceux qui restent. À de maintes reprises au cours de ma carrière, j'ai assisté à des métamorphoses pures et simples. Bien souvent, à la fin d'un long travail avec des clients, je constate qu'ils finissent par adopter une nouvelle façon de voir les choses, un nouveau mode de vie. En décidant de reprendre leur existence en main, ils se lancent sur des chemins de vie qu'ils n'auraient jamais pensé emprunter. En somme, ils aspirent à se reconnecter à l'essentiel !

Comme le docteur S.

*Le Docteur S, chirurgien, est venu me voir en consultation il y a plusieurs années maintenant. Il venait de perdre sa femme et cherchait à entretenir le lien avec elle, à entrer en contact. A son décès, il avait perdu foi en la Vie et ne croyait plus à son travail. Il se sentait coupable de sa mort. Il était dans un chagrin profond et une culpabilité qui l'enfermaient.*

*Il fallait que je l'aide à les dépasser, afin qu'il retrouve suffisamment de fraîcheur pour se reconnecter avec son enfant intérieur que je savais curieux et expérimentateur. Je sentais qu'il avait besoin de s'ouvrir à l'étude pour se reconstruire.*

*Au cours de notre travail, il a pris conscience qu'il pouvait associer à sa pratique de la médecine allopathique, des techniques de médecine alternatives telles que l'hypnose. Il s'est reconnecté à la Vie. Depuis, il s'est formé à l'hypnose thérapeutique et mêle aujourd'hui adroitement les deux méthodes pour ses soins pré et post opératoires.*

En réalité, je l'ai aidé à faire émerger ce qu'il savait déjà au fond de lui, en se reconnectant à lui-même.

*De même, j'ai un jour accueilli Teresa, une femme en grande détresse. Sa sœur Mathilde venait, il y a quelques semaines d'être assassinée par son compagnon qu'elle souhaitait quitter. Ce crime odieux a révélé aux yeux de tous que cet homme, qui avait tout l'air du gendre idéal, était en réalité violent et avait fait de la vie de sa compagne un véritable enfer.* Son emprise *sur elle a pris fin de la pire des manières. Mathilde est morte sous ses coups. Au-delà de la sidération dans laquelle était plongée la famille toute entière, Teresa était torturée par un sentiment de culpabilité aigu.*

« Je n'ai rien vu ou rien voulu voir. Je n'étais pas à l'écoute. Nous sommes tous responsables de ce qui lui est arrivé. » *Je me rappelle une consultation particulièrement intense. Beaucoup d'émotions sont ressorties. L'âme de Mathilde souhaitait absolument soulager la conscience torturée de sa sœur. En effet, cette dernière laissait germer et croître en elle une immense culpabilité. Mathilde souhaitait absolument qu'elle s'en défasse.*

« J'ai fait le choix d'accepter et d'assumer mon sort par amour pour cet homme. Je ne l'ai pas quitté lorsque j'aurai dû parce que j'avais peur qu'il ne s'en sorte pas sans moi. Vous n'avez rien à vous reprocher, j'ai tout fait pour que vous ne vous rendiez compte de rien. »

*En effet, Mathilde était une personne qui respirait la joie de vivre pour ses proches qui étaient loin d'imaginer la difficulté de son quotidien domestique. Teresa est sortie profondément transformée de notre séance. Elle a accepté de « lâcher » sa culpabilité puis est parvenue à convaincre sa famille d'en faire autant. Teresa et sa famille se sont rendu compte que Mathilde n'était pas seule dans ce cas. Ensemble, unis, ils ont créé une association qui a pour vocation de venir en aide aux victimes de violences intrafamiliales. Ils proposent un accompagnement afin d'aider les victimes tant sur le plan psychologique que matériel. Teresa et sa famille aident les autres à vivre mieux et à retrouver l'essentiel.*

*Toutes ces personnes ont finalement donné un sens positif à un acte insensé.*

## QUELQUES CONSEILS POUR SURMONTER UN DEUIL

*Le deuil est un moment très difficile à traverser, il vous faut être patient envers vous-même et envers les autres. Vos proches ne comprennent pas toujours ce que vous ressentez. Entourez-vous de personnes avec qui vous vous sentez bien et à qui vous pouvez vous confier. Il est nécessaire d'exprimer son chagrin et son désarroi, les garder pour soi est un poids trop lourd à porter.*

*S'il varie d'un individu à l'autre, le travail de deuil peut durer plusieurs années. Donnez-vous le temps de guérir. Peu à peu, vous éprouverez moins de douleur au souvenir de la personne disparue. Il n'existe pas de « formule magique » pour diminuer l'intensité et la durée de la tristesse ainsi que le sentiment d'effondrement. La seule façon de réussir au mieux son travail de deuil est de vivre pleinement la souffrance, les différentes émotions qui s'y rattachent et laisser couler ses larmes.*

*Dans ces moments difficiles, évitez de prendre des décisions hâtives et importantes que vous pourriez regretter par la suite.*

*Prenez le temps qu'il vous faut pour vous apaiser.* Accordez-vous des moments de détente, de loisirs (faites des *balades en forêt, écoutez de la musique, etc.)* voire un congé prolongé si c'est possible : le travail de deuil demande beaucoup d'énergie. Vous devez éviter une fatigue excessive. Certaines personnes rapportent leur sentiment de devenir fou, elles sont submergées par des pensées et des émotions qui ne leur appartiennent pas habituellement. Ce sont là des réactions normales qu'il faut prendre le temps de vivre pour les accepter et enfin les lâcher et les rendre à l'univers auquel elles appartiennent.

Tout le monde traverse des hauts et des bas. Le deuil est fait de progrès et de reculs. L'essentiel est de reconnaître que ça ne va pas, s'enlever de la tête qu'il s'agit d'une faiblesse. Chercher et demander de l'aide est, au contraire, une force. Le soutien et l'attention permettent de traverser plus rapidement les phases du deuil les plus douloureuses.

N'hésitez pas à **formuler clairement une demande d'aide** à vos proches ou à des professionnels, des thérapeutes (médium, hypnothérapeute, psychologue, sophrologue, acupuncteur, kinésiologue, etc.), si vous en ressentez le besoin.

Consulter un médecin si votre état de santé physique ou psychologique se détériore ou si vous éprouvez des malaises persistants.

**Pour aller plus loin**


*ALLIX, Stéphane, Après... quand l'au-delà nous fait signe, Albin Michel, 2018.*

ALLIX, Stéphane, *Le Test. Une enquête inouïe : la preuve de l'après-vie ?,* Albin Michel, 2015.

KUBLER ROSS, Élisabeth, KESSLER, David, *Sur le chagrin et sur le deuil : trouver un sens à sa peine à travers les cinq étapes du deuil (trad.),* J.C. Lattès, 2005.

KUBLER ROSS, Élisabeth, COHEN, Loïc, *Mémoires de vie, Mémoires d'éternité : la mort n'existe pas (trad.),* J.C. Lattès, 1999.

PARTIE III

# Les aides de l'univers

THÈME 9

## LES AIDES DE L'UNIVERS – SIGNES ET SYNCHRONICITÉ

*Nous autres humains, ne sommes pas seuls.*

Tout le monde a vécu ou vivra un jour dans sa vie, l'un de ces rares moments ou une situation complexe dont l'issue paraissait incertaine, s'illumine soudain grâce à ce que certains appellent un **don du ciel** inespéré.

La vie, le « tout », créent des situations, des événements, des rencontres improbables qui nous permettent subitement de dépasser une peur, de dénouer une situation ou tout simplement de nous rendre compte que nous sommes prêts à « lâcher », à nous libérer des difficultés que nous traversons.

Souvent la vie accorde ce genre de cadeau. À tout le monde. À ceux qui ont vécu sans l'espérer ni pouvoir l'imaginer, comme aux personnes à l'esprit ouvert aux signes et manifestations diverses de l'esprit supérieur.

Je suis certaine que tout le monde a la capacité de voir la vie différemment, positivement. Si nous envisageons la vie sous l'angle de la synchronicité des aides, des dates, des situations et des signes personnalisés, nous pouvons percevoir à l'avance l'énergie des événements à venir.

Dans ces cas-là, nous nous sentons protégé. En notre for intérieur, nous sentons qu'une force, une énergie, opère et nous pousse à accorder notre confiance au déroulement de la suite des événements. Nous ne pouvons que nous rendre disponibles aux messages qui empruntent cette voie. Dans une phase déterminante de notre existence, quelque chose cherche à se dire par le biais de la synchronicité. À nous de prendre la relève en l'entendant et en le décodant.

## Libérer son mental pour accéder aux miracles de la vie

### *Faire sauter les blocages*

Vivre une vie d'humain n'est simple pour personne. Nos peurs, nos angoisses, notre ego et notre mental, vous l'aurez compris, créent en nous des blocages. Ces freins nous privent de nombreuses joies mais surtout nous font perdre confiance en la vie, ce grand projet pour lequel nous nous sommes tant réjouis et que nous avons tous si minutieusement préparé avant notre venue sur terre.

Certains luttent quotidiennement en mettant parfois toute une vie à dépasser leurs blocages tandis que d'autres les traînent jusqu'à leur mort avec le risque de devoir tout (ré) expérimenter lors de leur prochaine incarnation.

Heureusement, **l'univers opère en toute discrétion**. Souvent nous ne nous rendons même pas compte qu'il œuvre pour nous. C'est, généralement, ce qui se passe lorsqu'un beau matin vous vous levez galvanisé par une prise de conscience qui transforme radicalement votre manière d'aborder l'existence. Vous ne savez pas ce qu'il s'est passé en vous, mais une lucidité nouvelle vous anime. Vous vous sentez plus léger, l'esprit plus clair, guidé par une détermination que vous ignoriez jusqu'alors. Alors que vous avez baigné des mois, des années dans un pessimisme corrosif, voilà que vous vous laissez gagner par des élans de positivité et de confiance. Ce sentiment est le signe que nous sommes prêts à « lâcher », à nous libérer des difficultés que nous traversons. **Créez de l'espace dans votre mental**, en rendant vos peurs, vos culpabilités, vos chagrins ou votre colère à l'univers, il est prêt à recevoir ces énergies toxiques et à les transmuter en amour. Ouvrez votre cœur (chakra du Cœur), votre tête (chakra Coronal) et cette énergie restaurée, votre énergie initiale, vous sera renvoyée. Surfez sur la vague, maintenez le cap et vous verrez que la joie peut s'inscrire dans la durée.

À vous qui souffrez aujourd'hui à cause d'un deuil, d'une angoisse irraisonnée, d'une blessure d'enfance béante et sans cesse réactivée, d'une impuissance, prenez la mesure de votre peine. Évaluez sa puissance. Rendez-vous compte de l'énergie d'amour que vous serez en mesure de recevoir dès lors que vous serez prêts à lâcher cette souffrance. Après l'hiver, même le plus rude, arrive toujours le printemps.

L'esprit supérieur œuvre ainsi, subtilement, pour chacun de nous. Certains diront qu'il s'agit de la force de l'esprit, du phénomène de résilience. C'est vrai, tous ces processus sont des parties du « tout ».

En nous libérant de nos peurs, nous créons de l'espace dans notre mental, nous faisons de la place pour vivre de nouvelles choses et, surtout, nous nous rendons disponibles aux « signes » que l'univers nous envoie.

Il y a quelques mois, Éric, un ami est venu me voir, l'air abattu.

*Cela faisait plusieurs mois qu'il cherchait à vendre son appartement pour s'acheter une maison, sans succès. Les offres qu'on lui faisait étaient trop basses et les dizaines de maisons qu'il visitait étaient trop chères. Guidé par un besoin de changement impérieux mêlé à une forme d'insécurité déstabilisante, ces retards et tracasseries le minaient réellement. Ces « soucis » matériels reflétaient chez lui un mal-être plus profond que nous devions travailler pour lui permettre d'avancer et de lâcher prise. J'ai immédiatement identifié où se situaient ses blocages. En effet, à l'âge de deux ans Éric a été adopté par une famille aimante avec qui il entretient d'excellents rapports. En revanche, il était paralysé dans sa vie par un nœud émotionnel inconscient lié à sa famille biologique. Il vivait depuis des années avec des peurs qui l'empêchaient d'identifier et de saisir toute sorte d'opportunité. En me rendant sur un autre plan, j'ai appris que la famille dans laquelle il était venu au monde avait de très gros problèmes. Sa mère biologique était une femme violemment battue par son compagnon. L'anéantissement psychologique dont elle était victime, couplé à l'insécurité permanente dans laquelle elle vivait, l'avait poussée à abandonner son enfant qu'elle ne se sentait pas capable d'élever. Éric était surpris. Soudainement, la source de son mal-être intérieur était identifiée, d'autant que sa mère adoptive lui confirma mes dires. Grâce à un gros travail que nous avons mené ensemble, Éric est parvenu à se libérer de ses peurs. Il a compris que pour obtenir ce qu'il souhaitait, il avait tout intérêt à faire confiance à la vie. Ce changement de perspective a permis aux opportunités de venir à lui. Seulement quelques jours après cette consultation, il a croisé une dame dans la rue qui observait son immeuble et le panneau « À vendre » qui trônait sur son rebord de fenêtre. Confiant, il l'a interpellée. Cette dernière cherchait à acheter dans son quartier. Ainsi, il a très bien vendu son appartement et, dans la foulée, a trouvé une maison à un bon prix.*

Les blocages d'Éric alimentaient un cruel manque de confiance en lui qui le retardaient dans la réalisation d'actions concrètes.

Parfois, nos freins mentaux sont encore plus handicapants, notamment lorsqu'ils ont un impact direct sur notre corps.

*Valérie en sait quelque chose. Pendant plusieurs années, elle a tenté en vain de concevoir un enfant. Avec son compagnon, ils souhaitaient ardemment fonder une famille, mais les traitements hormonaux, les FIV, qu'elle subissait ne produisaient aucun résultat. Son médecin finit par lui recommander d'accepter sa stérilité et d'envisager la solution de l'adoption. Résigné, le couple déclencha une procédure officielle. Au bout d'une ou deux années, ils accueillirent un petit garçon. En consultation, ses guides m'informaient que Valérie n'était pas stérile mais simplement, inconsciemment terrorisée par l'idée de ne pas être une mère à la hauteur et guidée par la terrible intuition que quelque chose allait arriver à ses potentiels enfants.*

*Cette angoisse n'était pas le fruit du hasard. En m'intéressant à sa génétique familiale, j'ai découvert que dans sa lignée, plusieurs enfants étaient mort-nés. Sa mère, sa grand-mère, son arrière-grand-mère avaient vécu la douloureuse expérience de perdre un enfant. De génération en génération, cette mémoire, cette peur ancestrale, s'était transmise, allant jusqu'à créer aujourd'hui un blocage physiologique inconscient dans le corps de Valérie.*

*Par ailleurs, j'ai exploré quelques-unes de ses vies passées. J'ai pu identifier une autre angoisse qui paralysait la jeune femme. Autrefois, elle est morte en couche.*

*À ces « explications » inconscientes s'ajoutait un autre phénomène. Valérie manquait, dans cette vie, de confiance en elle. En effet, sa mère qui manquait de tendresse et parfois de patience, n'a pas toujours su lui montrer son amour. L'enfant intérieur de Valérie a interprété cela comme un manque d'amour. Ainsi, elle s'est construite, dans la douleur émotionnelle, en étant convaincue que sa mère ne l'aimait pas. Elle craignait de reproduire avec ses enfants l'attitude de sa mère.*

*Cette peur, cristallisée dans son corps, était à l'origine d'un important déséquilibre hormonal. Alors que son petit garçon fêtait ses deux ans, Valérie intégra enfin le fait qu'elle était une bonne mère. Elle libéra son mental de cette fausse-croyance, indûment gravée dans son inconscient. Un an plus tard, elle accoucha d'une petite fille.*

L'esprit supérieur crée des conditions favorables aux prises de conscience nécessaires à notre évolution, même si parfois, sur l'instant, ces conditions peuvent sembler extrêmes.

*C'est l'expérience saisissante que m'a rapportée Sophia, l'une de mes clientes. Il y a quelques années, le couple qu'elle formait avec son mari traversait des moments difficiles. Ils étaient en train de se quitter sans le savoir encore. Cramponnée à son mental, elle n'était pas capable de se résoudre à l'évidence.*

*À cette époque, elle était psychologiquement très mal en point, s'inquiétant pour ses enfants et pour son avenir. Afin de détourner son attention, elle se plongeait frénétiquement dans le travail. Rapidement, elle s'est mise à ressentir beaucoup de fatigue qu'elle mettait sur le compte du désordre sentimental qu'elle traversait. Rapidement, cette fatigue latente se mua en épuisement pur et simple. Pour se soulager, elle consulta une acupunctrice. Trente minutes après son retour à la maison, prise de violentes difficultés respiratoires, elle demanda à son mari de la conduire aux urgences. En chemin, elle peinait à reprendre son souffle après chacune de ses inspirations. Après avoir subi une radiographie des poumons, son médecin diagnostiqua une pleurésie aiguë et décela sur les clichés de vastes taches suspectes sur ses poumons. Le ciel lui tomba sur la tête. Son état général s'aggrava dans la nuit au point qu'elle fut plongée dans un coma artificiel puis intubée pendant six semaines. Son pronostic vital était sérieusement engagé. Entre la vie et la mort, elle rapporta avoir rencontré puis longuement discuté avec ses guides. À son réveil, miraculeux d'après son médecin, elle décida de mettre en pratique ce qu'ils lui répétaient : « N'aie pas peur de faire preuve de courage, aie confiance en la vie. Tu dois aller de l'avant ! »*

*Elle était désormais prête à avancer. La biopsie qui suivit cette prise de conscience se révéla négative. Elle ressortit de ces péripéties médicales parfaitement indemne.*

Après quelques semaines de convalescence, elle déménageait et démarrait une toute nouvelle vie.

Ce phénomène est aussi puissant qu'il est courant. Nous sommes des centaines, des milliers à bénéficier d'une aide invisible capable de nous transformer, profondément.

## L'esprit supérieur

L'esprit supérieur est le « tout ». Cette conscience universelle est constituée d'un agrégat d'entités, d'énergies qui, non seulement, diffusent sur terre des ondes bienfaisantes, conscientes et justes mais interviennent également plus directement dans la matière, dans la vie des êtres humains incarnés. Elles nous aident à repositionner les choses, créer des opportunités, réparer des injustices, provoquer les événements, les rencontres inscrites sur notre feuille de route. Elles nous guident vers des prises de conscience essentielles à notre progression spirituelle, nous envoient ce que nous appelons communément des « signes du destin ».

### *Qui nous aide ?*

L'âme, la conscience élargie de chacun, les défunts, les guides et les anges-gardiens sont les principaux représentants « actifs » de cet esprit supérieur.

#### > Les défunts

Nos disparus veillent sur nous. Ils sont là près de nous. D'ailleurs, il n'est pas rare que tout un chacun ressente de manière palpable leur présence, dans les moments de vulnérabilité, lorsque le chagrin est dévorant. Cela peut se manifester par des sensations, comme un souffle, un frisson, une main posée sur une épaule ou des petits événements comme une télévision qui s'allume toute seule, etc.

Ces « approches » ont vocation à être réconfortantes, rassurantes, elles maintiennent un lien le temps de traverser les différentes phases du deuil d'un être cher. Les défunts se préoccupent des vivants. Pour certains, ceux qui ont vécu dans l'individualisme, c'est d'ailleurs une façon de se racheter, car lors de leur « bilan de vie » ils ont réalisé à quel point cette qualité leur faisait défaut.

J'ai eu l'occasion, comme beaucoup d'entre vous de bénéficier, très jeune, de ce soutien invisible.

*Lorsque j'étais petite fille, ma mère enceinte de mon frère, a été victime d'un accident. Hospitalisée, son état était, pendant quelques jours, préoccupant. Mon père était, bien entendu, rongé par l'inquiétude. Du haut de mes cinq ans, je savais que tout irait bien. Je m'efforçais de le rassurer. « Grand-père est avec elle. Il la protège. Il me dit que nous pouvons l'aider en allumant quelques bougies et en pensant très fort à elle et au jour où elle rentrera à la maison. »*

À cet âge-là, ma conscience des énergies en œuvre était déjà active. Je conversais avec mon défunt grand-père maternel qui se tenait à côté *du* lit *d'hôpital de sa fille,* veillant à *sa guérison.* Il me tenait informé de la progression du rétablissement de ma mère.

#### > Les guides

Pour ce qui est des guides, veiller sur leurs « protégés » est une mission. Les guides sont des âmes qui ont atteint un certain niveau de progression spirituelle et qui décident, après leur dernière incarnation, de consacrer leur « temps » à accompagner les vivants dont ils décident d'être les « tuteurs ».

C'est, par exemple, le cas du père de Coralie, disparu alors qu'elle était encore enfant.

*La nuit précédent chacun de ses anniversaires, elle rêve de lui. Année après année, il fête avec elle cet heureux jour pendant son sommeil. Systématiquement, au matin, elle se réveille remplie de joie. Son père, sur un autre plan de conscience, est devenu son guide. Il communique avec elle en songes. À plusieurs reprises au cours de sa vie, elle a pu constater concrètement son action. À chaque fois qu'il se manifeste entouré d'un halo sombre, grisâtre, Coralie sait qu'une expérience négative l'attend dans la journée. D'après elle, ce signe est imparable. Elle s'y fie en totale confiance.*

### > Les anges

Les anges, consciences désincarnées, viennent nous apporter des connaissances, des dons pour l'évolution de l'humanité dans sa globalité. Leur action est plus universelle que celle des guides ou des défunts. Ils nous aident pour les grandes décisions, apportent des cadeaux de la vie pour repositionner les choses.

Depuis ma plus tendre enfance, je crois aux anges-gardiens. C'est d'ailleurs l'apparition de l'un d'eux, à l'apparence féminine, qui a déclenché, mon ouverture d'esprit actuel, qui a activé la perception de mon Troisième Œil.

*Je me rappelle, également, d'un événement survenu alors que j'avais une dizaine d'années.*

*Toute la famille avait pris place à bord de la 504 familiale, pour un long voyage à destination de l'Espagne. Sur la route, une 2 CV a dévié subitement de sa trajectoire, fonçant droit sur nous. À la dernière seconde, mon père qui roulait à vive allure a évité in extremis un choc frontal en donnant un coup de volant. La voiture a poursuivi sa course sur deux roues, jusqu'à retrouver une stabilité. Personne n'a été blessé alors que personne ne portait de ceinture de sécurité. A cette époque elles n'étaient pas obligatoires et même souvent absentes de l'habitacle.*

*Mon père, pourtant très rationnel, n'arrêtait pas de répéter que « quelque chose d'extraordinaire venait de se passer ». Il avait le sentiment d'avoir agi sans l'avoir décidé, ne se souvenait pas d'avoir lui-même actionné le volant.*

*Certains penseront que nous devons notre Salut à une montée d'adrénaline ou un coup de chance. Mon père, catholique, opta pour une intervention divine. Pour ma part, j'ai pu observer une main apparaître et prendre la direction des opérations.*

### > L'intuition notre guide à tous

L'intuition est une compétence supérieure, une ressource importante logée en nous.

C'est elle qui nous permet de comprendre, en un instant, à qui nous avons affaire ou dans quelle situation précise nous nous trouvons afin de réagir en toute « connaissance de cause ».

**L'intuition est le fruit d'une connaissance inconsciente de quelque chose.** Nous sentons. Nous savons des choses instinctivement, sans y avoir réfléchi. L'intuition est une sorte de boussole qui peut nous aider à prendre des décisions dans notre vie, par exemple pour déterminer si une personne nous paraît digne de confiance ou non.

Elle joue un grand rôle dans nos vies. Elle n'est malheureusement pas toujours estimée à sa juste valeur, faute de preuve tangible.

Toutefois, il est important aussi d'aborder cette question de manière rationnelle. N'oublions pas que de nombreuses peurs et angoisses irrationnelles circulent en permanence dans nos esprits. Une impression fugace ne devient pas systématiquement réalité, dans la matière. C'est en croisant la raison et les sentiments que nous touchons à la justesse. La sagesse, c'est de ne pas avoir recours à l'une sans questionner l'autre.

Du fait de mes « dons du ciel » et de mon ouverture énergétique, je suis régulièrement sujette à des intuitions. Parfois je les suis, parfois non. Il arrive que mon mental et mon ego cherchent à prendre le dessus. Je suis humaine, comme vous, et pas toujours prompte à suivre mes pressentiments surtout lorsqu'ils vont à l'encontre de mes envies du moment.

*Je me rappelle, notamment, d'un élan d'intuition qui m'a saisi il y a quelques années. À l'approche de l'été, nous avions convenu, avec mon compagnon, de partir nous détendre et nous reposer en Espagne. Alors que rien, a priori, ne semblait s'opposer à ce voyage, j'avais l'intuition que nous n'allions pas être en mesure de nous y rendre. Pourtant, j'en avais très envie. Les jours passaient, nous prenions des renseignements sur des vols, des hôtels mais ne trouvions rien qui nous convenait parfaitement. La date des vacances approchait et nous n'avions toujours rien réservé. Je n'arrivais pas à passer à l'action. Trois ou quatre jours avant de partir, j'ai eu un coup de téléphone. Un hôpital portugais m'informait que mon père, qui résidait dans le pays, avait un souci de santé et qu'il était hospitalisé. J'étais bien ennuyée. Ma raison s'opposait à mon mental. Bien sûr, je savais que mon devoir de fille était de rejoindre mon père, mais après une année de labeur et de petites difficultés personnelles, j'avais besoin de vraies vacances. J'ai donc eu un vrai moment d'hésitation, oscillant entre mon envie humaine et ce qui était juste. Finalement, j'ai consulté les offres de vols à destination du Portugal et j'ai trouvé en deux clics une offre particulièrement bon marché. En quelques minutes, j'ai pu tout organiser.*

*Sur place, nous en avons profité pour revoir un vieil ami d'enfance que j'avais connu lors de mes vacances dans le pays natal de mon père. Nous avons pu partager de savoureux moments qui ont balayé tous nos résidus de regrets quant à notre séjour avorté dans l'Espagne voisine. Quelques mois plus tard, cet ami a perdu la vie brutalement. La preuve, s'il en fallait une, que passer cet été là au Portugal, était pour moi la chose à faire.*

Je ne peux que vous conseiller de faire confiance à votre petite voix intérieure, celle qui vous suggère quoi faire lorsque vous êtes dans l'impasse, face à un choix délicat. C'est votre inconscient qui s'adresse à vous. Il sait beaucoup de choses que vous ignorez en conscience. Faites-lui confiance, faites-vous confiance !

Même le philosophe rationaliste néerlandais Baruch Spinoza pensait que « *l'intuition est la forme la plus aboutie de la connaissance* ».

Le calme et l'attention à soi sont des éléments indispensables à son déploiement.

***Aborder la vie par une approche intuitive, c'est s'aider soi-même !***

### *Demander de l'aide*

Si nos guides, nos défunts et nos anges-gardiens interviennent lorsqu'ils jugent nécessaires de nous repositionner, il est à la portée de tous d'établir un contact vibratoire avec eux et de leur demander de l'aide lorsque nous rencontrons de petites difficultés.

Il est tout à fait possible d'entretenir une sorte de dialogue avec eux. Pour ma part, je ne m'en prive pas. Je m'ancre, me concentre et formule ma demande, dans ma tête ou à voix haute, avec foi, conviction et surtout avec confiance.

Certains appelleront cela « prière », mais, au-delà de la connotation religieuse de ce mot, l'idée est surtout de formuler une demande en posant une intention juste.

*Régulièrement, je peux observer que mes souhaits sont, ainsi, exaucés. En voiture surtout, lorsqu'avec mon compagnon nous sommes pris dans la circulation et que nous sommes attendus. Je demande une haie de feux verts ou des places de parking. Si nous nous conditionnons, psychologiquement, dans l'idée d'une issue positive, elle advient.*

La prochaine fois que vous serez pressé et ralenti par une circulation dense, au-lieu de vous énerver en vous répétant « *je vais être en retard* ! », faites le vide, respirez profondément et persuadez-vous que vous arriverez en temps et en heure. Libérez-vous de ce stress. Vous serez sans doute surpris du résultat et ravi d'avoir évité un énervement inutile. Cela peut demander un peu d'entraînement, car il est important d'avoir sincèrement foi et d'être intimement convaincu du résultat.

### *Des aides pour repositionner les choses*

Les interventions de l' « esprit supérieur » servent, la plupart du temps, à opérer les prises de conscience nécessaires pour repositionner les choses, à nous ouvrir les yeux sur ce qui est évident mais qu'aveuglés, nous ne voyons pas. Souvent, nous nous sentons coincés, bloqués dans une vie, une situation, que nous estimons, dans notre ego et dans notre mental, sans issue. Or, dans la vie, nous avons toujours le choix : subir ou transformer.

Certains d'entre–nous, bien trop pétris de peurs, n'arrivent pas à poser des actions pour eux, à se donner les moyens de procéder à des changements, alors qu'ils seraient essentiels à leur croissance personnelle, à la concrétisation de leur mission de vie. Dans ces cas-là, leurs guides, leurs défunts ou leur anges-gardiens préparent et articulent, dans l'ombre, le puzzle qui initiera le changement de direction.

C'est précisément ce qui est arrivé à Mado.

*Lorsque je l'ai rencontrée, Mado gagnait péniblement sa vie en faisant des ménages. Depuis plusieurs mois, elle arrondissait ses fins de mois en gardant ponctuellement des enfants. Contre toutes attentes, elle s'est découvert une véritable passion pour l'éducation des enfants. Si cette nouvelle activité faisait vibrer son Être, Mado s'interdisait formellement de penser à changer de voie. Bien sûr, dans un monde idéal, elle aurait aimé faire autre chose de sa vie, mais ce travail lui permettait de nourrir sa famille. Cela faisait bien longtemps qu'elle avait renoncé à ses rêves.*

*Guidée par ses peurs, elle se trouvait des excuses pour ne rien tenter : je suis trop âgée, pas assez qualifiée, etc. Elle estimait ne pas avoir d'autre choix que de poursuivre ce qu'elle avait toujours fait.*

*En consultation, ses guides me parlèrent de crèches, de nouvelles méthodes d'éducation. « Non, non, non, c'est hors de question ! ». Ils me disaient que pourtant, elle pourrait vraiment s'épanouir dans ce domaine. Mado ne comptait pas faire quoi que ce soit pour réaliser son rêve secret.*

*Ainsi, c'est la vie qui lui en a donné les moyens. Quelques semaines plus tard, alors qu'elle patientait dans la salle d'attente d'un dentiste, elle s'est mise à papoter avec une dame qui elle aussi attendait son tour. La discussion était très ouverte et détendue. Ensemble, elles parlèrent d'éducation de jeunes enfants. Sans le savoir, Mado d'ordinaire si complexée, s'adressait à la directrice d'une crèche Montessori. Avant de se quitter, la dame a noté son numéro de téléphone.*

*Quelques semaines plus tard, Mado démarrait une nouvelle carrière, vibrante, infiniment plus enrichissante.*

*Dans un autre registre, l'esprit supérieur s'est également penché sur le cas de Juliane, afin de lui ouvrir les yeux sur sa situation sentimentale et de l'aider à trouver la voie de l'équilibre et du bonheur. Lorsque je l'ai rencontrée, elle était très malheureuse et coincée dans une situation inextricable. Depuis huit ans, elle entretenait une relation passionnelle, mais adultère, avec un homme marié qui la maintenait dans une dépendance affective en formulant sans cesse de fausses promesses.*

*Elle, très amoureuse, ne pouvait s'empêcher d'y croire. Un jour, un concours de circonstances professionnelles improbables, impulsé par ses guides, l'ont conduite à partir en voyage en Australie. À l'autre bout du monde, elle a été saisie, un beau matin, par un élan de lucidité fulgurant. L'esprit supérieur provoqua en elle les prises de conscience nécessaires pour qu'elle puisse replacer son propre intérêt au centre de ses actions.*

*Les jours passant, grâce à l'éloignement, Julianne était de plus en plus détendue, de plus en plus ouverte et rayonnante. Elle cessa de se précipiter pour répondre aux appels et e-mails de son amant. Recentrée sur elle, a fait la connaissance d'un Australien. Un coup de foudre !*

*À son retour chez elle, elle eut la surprise de découvrir que son amant avait quitté sa femme pour elle. Seul bémol, Julianne avait changé. Elle ne voulait plus retrouver cette énergie. Elle s'est organisée pour plier bagages et est partie s'installer pour de bon en Océanie, où elle est vit une très belle histoire d'amour. Jamais elle n'a ressenti le moindre manque. Désormais épanouie c'est comme si ce qu'elle avait vécu avant n'existait plus.*

### > Inspirer Foi et Confiance en soi et en son chemin de vie

Quand certaines cases des directives de notre feuille de route demeurent partiellement cochées, la vie fait en sorte de les remonter à la surface et de reproduire des circonstances, des opportunités qui nous permettront de boucler la boucle, d'aller au fond des choses.

### > Retrouver le fil conducteur de notre mission de vie

Avant notre venue sur terre, notre âme choisit les expérimentations qu'elle devra vivre, les grandes leçons qu'elle devra apprendre. Comme nous l'avons vu précédemment, notre ego, notre mental, font que nous prenons les chemins détournés et que nous mettons parfois toute une vie pour remplir une partie de notre feuille de route.

Nos défunts, nos guides et les anges gardiens qui nous enveloppent de leur énergie d'amour et leur encouragement, tentent fréquemment de nous montrer la direction à prendre, de nous recentrer sur notre mission de vie.

### > Des signes pour nous rappeler nos bons choix

Une cliente me rapporta un jour une croyance qu'elle portait en elle depuis l'enfance. Elle était intimement persuadée qu'à chaque fois qu'elle regardait par hasard une horloge et qu'apparaissaient des heures miroir : 08h08, 11h11, etc., elle était sur le bon chemin. Adulte, elle a rencontré l'amour. Depuis, elle tombe « *par hasard sur des heures miroir* » plusieurs fois par semaine. Pour elle, ces signes lui prouvent, jour après jour, qu'elle partage sa vie avec l'homme qui lui était destiné.

### > Aller au bout des histoires inachevées

Les défunts, les guides et les anges gardiens, sont également les garants de l'achèvement d'aventures humaines, écrites mais restées en suspens par le mouvement de la vie et des circonstances extérieures. Il n'est jamais trop tard pour vivre ce que nous « devons » vivre.

C'est le type d'épopée vécue par Marlène.

*A l'âge de soixante-dix ans, elle a perdu son bien-aimé compagnon Henri, qu'elle a accompagné jusque dans ces derniers instants. Ivre de chagrin, elle n'avait plus ni foi ni confiance en l'existence. Elle se disait qu'elle était morte avec lui. Malgré le soutien de sa famille, elle était inconsolable et se laissait aller. En consultation, Henri me disait que seul Marc, son premier amour, pourrait lui (ré) insuffler de la joie de vivre. « N'importe quoi » pensait Marlène en son for intérieur. Aveuglée par la perte de son grand amour, elle refusait catégoriquement cette idée. Henri de son côté m'assurait qu'il ferait tout ce qui serait en son pouvoir pour redessiner sur son visage le sourire qu'il aimait tant. Quelques jours après notre rendez-vous, Marc téléphona à Marlène. Cinquante ans après la fin de leur amour de jeunesse, il avait soudainement eu l'envie obsessionnelle de la retrouver. Depuis, ils se téléphonent presque tous les jours.*

### *Favoriser les rencontres importantes de nos vies*

#### > L'Amour

L'amour est le grand carburant de notre Vie. Qu'il s'agisse d'apprendre à nous aimer, de coups de foudre inopinés ou d'une grande amitié, l'Amour arrive souvent « *au moment où nous nous y attendons le moins* ». Peut-être que c'est justement parce que nous sommes dans une telle phase de détachement mental de nos besoins que nous libérons tout simplement de l'espace dans notre esprit et notre cœur. En lâchant prise, nous nous libérons et laissons entrer en nous, dans notre vie le vent du changement.

*Ce fut le cas de Joël. Lourdement handicapé depuis l'enfance par une maladie auto-immune, Joël avait fait le deuil d'un corps en bonne santé, tout en menant de front de brillantes études. Résilient, il s'en est bien sorti dans la vie. Malgré une vie professionnelle riche, florissante et épanouissante, sa vie sentimentale était en friche. Il était persuadé, qu'en raison de son handicap, il ne pouvait ni séduire ni être aimé. En amour, il était résigné. Il ne cessait de répéter que vivre une relation ne l'intéressait pas, même si au fond de lui il rêvait de fonder sa propre famille.*

*Alors qu'il s'y était toujours refusé, à trente-trois ans, il s'est senti comme poussé par un besoin irrépressible de s'inscrire sur un site de rencontre.*

*Dès son premier échange, il a rencontré une femme, par ailleurs malentendante. Après plusieurs semaines de discussions interminables par messages instantanés puis par téléphone, ils ont fini par se rencontrer physiquement. Joël, en l'espace de quelques jours, galvanisé par l'espoir d'être enfin aimé pour lui-même, a libéré son esprit des blocages et auto sabotages qui l'obstruaient. Il s'est reconditionné dans l'idée que la vie offre des chances à saisir. Il s'est fait confiance pour agir dans la justesse.*

*Au premier regard, un coup de foudre les a frappés tous les deux. Ils se sont reconnus, partageant une compréhension de la vie très similaire.*

*Un mois et demi plus tard, le jeune couple apprenait qu'il allait accueillir un enfant. Une grossesse comme un cadeau de la vie d'autant que l'enfant ne souffre ni de la pathologie de son père, ni du handicap auditif de sa mère.*

Ce fut aussi le cas pour Suzanne :

*Célibataire depuis de nombreuses années, âgée d'une cinquantaine d'années, elle vivait avec sa fille, dans un appartement en location. Son activité professionnelle, qu'elle vivait comme essentielle, nécessaire et importante, avait pris de plus en plus de place dans sa vie, même durant ses weekends ! Si Suzanne aspirait à des changements, qu'elle espérait, elle ne voyait rien venir ! Toujours plus de travail, de moins en moins de temps pour les autres choses de la Vie.*

*Ses guides me l'assuraient « les changements arrivaient ! » mais Suzanne n'avait de cesse à dire « Je crois que rien ne changera !» Elle se voyait enfermée dans son activité professionnelle sans aucune porte de sortie ! Et puis, quelques temps après, tout bascula : Sa fille lui annonça qu'elle quittait la maison pour vivre sa vie d'adulte, son propriétaire l'appela pour l'informer qu'il vendait l'appartement en fin d'année*

*Dans le même temps, elle devait se rendre à l'étranger pour participer à un stage en développement personnel auquel elle s'était inscrite l'année précédente. C'est durant ce voyage que Suzanne pris conscience des entraves qu'elle avait posées dans sa vie. Alors qu'elle était dans l'avion, elle sympathisa avec sa voisine de siège qui lui narra sa vie. Chef d'entreprise, elle avait toujours senti l'appel du grand nord et adorait la photo. Parce qu'elle ne trouvait plus de sens à sa vie professionnelle, elle avait décidé de tout « plaquer » du jour au lendemain pour se consacrer à sa passion quelques années auparavant… elle certifiait que le destin avait tout mis en œuvre pour qu'elle concrétise son rêve. Malgré les peurs du changement qu'elle avait vécues à ce moment, elle ne regrettait rien et aujourd'hui vivait comme elle l'avait souhaité. Elle avait appris à s'aimer et reconnaitre ses besoins profonds. Pourquoi cette femme lui donnait elle cette information ? Durant son séjour, Suzanne rencontra différentes personnes qui avaient fait le choix de quitter leur emploi, leur situation et avaient fait le grand saut vers l'inconnu. Toutes avaient, dans leurs explications, pris conscience de l'amour qu'elles se portaient, avaient décidé de prendre soin d'elles et d'être à l'écoute de leur aspirations profondes. Toutes avaient suivi leurs désirs profonds. Pourquoi Suzanne les rencontrait-elle ?*

*Parallèlement, son stage lui apporta les réconciliations nécessaires pour libérer son enfant intérieur des peurs passées, « qu'est-ce que tu risques ? » lui disait sa voix intérieure. L'énergie du groupe était bénéfique pour se laisser envelopper et lâcher prise. Lorsque le stage pris fin, la responsable du gite avec qui Suzanne avait sympathisé lui dit, alors qu'elle lui faisait ses adieux, « tu sais la Vie passe vite, toi qui a retrouvé l'Amour de toi, pourquoi te fermes-tu à l'Amour d'un compagnon ? » Si Suzanne n'étais pas dans la quête de trouver l'homme de sa Vie, cette question l'accompagna sur le chemin qui la ramenait en France. C'est quelques jours plus tard, de retour chez elle, qu'elle obtint une réponse lorsqu'elle accepta d'aller boire un café avec l'homme qui partage sa vie aujourd'hui…*

*Quant à son travail, qu'elle pensait vital, Suzanne prit de la distance avec ses différentes tâches, prit du temps pour elle, au point que quelques mois plus tard elle décida de le quitter pour se donner du temps pour construire un projet professionnel plus en adéquation avec ses aspirations profondes. Parallèlement, elle a déménagé pour s'installer avec son compagnon.*

### > Les amitiés

Parfois, il peut arriver que certains d'entre nous fassent des rencontres amicales aussi déterminantes qu'imprévues qui nous permettent soudainement de dépasser des difficultés, jusqu'ici insurmontables.

*J'ai moi-même bénéficié d'une très belle rencontre de ce genre, dans mon cabinet.*

*Un matin, j'ai accueilli un jeune homme, de l'âge de mes enfants, venu en consultation sur les conseils d'un ami. Dès qu'il est entré dans l'immeuble, j'ai ressenti une énergie particulière. Lorsque j'ai raccompagné mon précédent rendez-vous jusqu'à la porte, je l'ai vu. Il tenait des fleurs à la main. Il m'a tendu un bouquet de roses roses. « Je suis passé devant un fleuriste en venant vous voir et j'ai eu le sentiment que ces roses vous plairaient. » Il avait vu juste, il s'agissait tout bonnement de mes fleurs préférées. Très étrangement, j'ai ressenti vis-à-vis de lui un intense instinct de protection.*

*Pendant la consultation, j'ai glané des informations sur le lien, qui j'en étais certaine, nous unissait. Il a été l'un de mes enfants dans une vie passée. Un enfant qui s'était détruit et que je n'ai pas su aider. Je sentais que nous avions plein de bonnes choses à nous apporter, que nous avions plein de points communs à découvrir. À l'issue de la consultation, j'avais le cœur en peine à l'idée de le voir s'en aller. Mais que pouvais-je faire ? C'est lui, qui finalement solutionna ce problème.*

*« Je sais que nous venons à peine de nous rencontrer, mais est-ce que vous accepteriez que nous retrouvions à l'occasion pour méditer ensemble ? »*

*Ainsi, je me suis empressée de l'inviter à dîner. J'ai été stupéfaite d'observer à quel point il s'est immédiatement senti à l'aise au sein de ma famille. Il se comportait comme si c'était la sienne ! Ouvert à la discussion et au dialogue, il a depuis été un soutien indéfectible pour ma fille et mon fils qu'il a aidé à traverser des étapes sensibles de leurs vies. Ils suivent plus volontiers ses conseils que les miens. Cette rencontre a été un don du ciel.*

*Depuis nous avons noué une belle relation d'amitié malgré notre différence d'âge. Énergétiquement, ses problèmes me préoccupent autant que ceux rencontrés par mes enfants actuels.*

### > Les vocations

La vie professionnelle comporte, elle aussi, son lot de surprises. Certains y verront des coïncidences hasardeuses, j'y vois des signes d'événements, des manifestations d'aide supérieure qui s'inscrivent dans une parfaite synchronicité avec notre vie terrestre.

Ce fut, par exemple, le cas pour Sabine.

*Cette assistante dentaire venait de perdre son travail. Un emploi qu'elle n'aimait pas beaucoup mais qui lui assurait une sécurité matérielle. Lorsque j'ai fait sa connaissance elle était en plein désarroi. Ce qu'elle vivait comme un échec* professionnel *était, en réalité, le point de départ d'une toute nouvelle aventure pour elle. Très préoccupée par la première période d'inactivité de toute sa carrière, Sabine cristallisait sa « souffrance » dans son corps physique. Déprimée et fatiguée, elle est allée consulter son médecin traitant qui lui a prescrit une prise de sang. Alors qu'elle attendait son tour dans la salle d'attente du laboratoire* auquel elle s'apprêtait à confier ses analyses sanguines, *les échos d'une conversation entre collègues* lui sont parvenus. La personne qui gérait l'équipe des secrétaires médicales venait tout juste d'annoncer sa démission prochaine. Elle s'est immédiatement présentée et a été embauchée dans les jours qui ont suivi. Depuis, elle ne cesse de chanter les louanges de son équipe et de son employeur. Elle a trouvé cette place rêvée qu'elle n'osait même pas chercher.

## *Rien n'arrive par hasard — Des coups de pouce pour une vie plus douce*

Si l'univers œuvre ainsi, subtilement, à l'intérieur de nous, souvent son intervention se manifeste clairement dans la matière. Qu'il s'agisse d'opportunités inespérées, des rencontres improbables, de bonnes choses, des aides arrivent, encore faut-il être capable de les reconnaître et de les apprécier. Parfois elles n'ont l'air de rien. C'est même leur improbabilité qui fait tout leur charme.

*Je me rappelle un après-midi d'été au cours duquel je participais à une marche gourmande. Si l'activité devait être sympathique, il n'en était rien pour moi. Je ne portais pas de chaussures adéquates. J'avais des ampoules et les pieds en sang. En pleine forêt, je me suis arrêtée, incapable de marcher jusqu'à la prochaine étape gastronomique. Je me suis assise et j'ai annoncé à mon compagnon que je ne ferais plus un pas de plus. Alors que j'osais à peine décoller mes chaussettes pour constater l'ampleur des dégâts, un couple de marcheurs s'est arrêté à ma hauteur. « Que vous arrive-t-il ? » L'homme sortit de son sac à dos une trousse de premiers secours qui contenait du désinfectant et de quoi faire des pansements. Alors que l'homme pansait mes plaies, il m'expliqua que j'avais eu de la chance ce jour-là, car le matin même, avant de partir, sa femme lui avait suggéré de laisser cette trousse chez eux et que sans savoir pourquoi il avait le sentiment de devoir l'emmener quand-même. « C'était pour vous, j'en suis certain ».*

Ces anecdotes de vie, certains les prendront pour des coïncidences banales, moi je préfère les voir comme des cadeaux de la vie. Ouverte d'esprit et travaillant activement à libérer mon mental, je suis régulièrement la spectatrice de ces phénomènes fabuleux.

*Il y a quelques années, j'ai passé l'été en Grèce avec mon compagnon. Alors que nous n'étions ni baroudeurs, ni doués en anglais ou en grec, nous avons loué une moto afin de partir à la découverte des terres du Péloponnèse. Nous empruntions une route de montagne qui traversait la nature sauvage lorsque l'un de nos pneus a crevé.*

*Notre insouciance de motards en vacances a soudainement pris fin. Nous étions des étrangers perdus au milieu de nulle part, sans téléphone. Plusieurs dizaines de minutes se sont écoulées. Alors que mon compagnon était très énervé à l'idée que nous restions des heures ou la nuit entière coincés au bord d'une route avec une moto en panne, je me sentais très sereine. Je suis intimement convaincue, et depuis toujours, que RIEN n'arrive par hasard dans la vie. J'étais convaincue que cet incident allait se transformer en un beau souvenir. Je savais, au fond de moi, que quelque chose allait se produire.*

*Soudain, une camionnette-plateau, s'est approchée. Elle s'est arrêtée à notre hauteur. À son bord, une femme de la région qui se rendait à une fête de village quelques kilomètres plus loin s'est inquiétée de notre sort. Elle nous a, généreusement, emmené avec elle après que nous eûmes chargé la moto à l'arrière de son véhicule. Sur la route, elle nous invita à participer à la fête et nous amena auprès d'un mécanicien qui a pris en charge la réparation de notre moto. Cette soirée, au beau milieu d'un village grec en plein été, fut aussi fantastique qu'imprévisible. Cette crevaison m'a permis de vivre l'un de mes meilleurs souvenirs de vacances. Cette femme était notre « ange » du moment. Fatigués, nous avons tous deux repris courage. Son dévouement spontané a ravivé notre foi en la fraternité et en la solidarité humaine.*

*Dans un autre registre, il y a une vingtaine d'année, je souhaitais quitter mes Vosges natales et refaire ma vie à Colmar, une ville que j'ai appris à apprécier, au gré de mes rendez-vous mensuels chez un médecin spécialiste. Régulièrement j'allais me promener place Saint-Joseph. À chaque fois, mon regard était irrésistiblement attiré par la porte d'entrée d'un immeuble cossu. Les semaines et les mois passèrent. En pleine séparation, il a fallu que je trouve un nouveau logement. Ma recherche d'appartement fut bien plus difficile que je ne l'avais imaginé. En tant que travailleuse indépendante, les bailleurs ne me faisaient pas confiance. Tous, me réclamaient au minimum un garant dont je ne disposais pas. J'étais désemparée. Une cliente, qui vint en consultation pour la première fois, me proposa spontanément son aide. En toute confiance, elle s'est engagée à mes côtés. Dès lors, je suis à nouveau partie chasser les appartements. À peine quelques jours plus tard, j'emménageais dans l'immeuble qui m'avait fait si forte impression. Un appartement où je vis et exerce toujours aujourd'hui.*

Il est malheureusement difficile pour beaucoup d'entre nous de percevoir ces signes à cause de l'omniprésence de la rationalité. Nous sommes plus enclins à percevoir ces zestes de synchronicité lorsque nous vivons des périodes de transitions, des moments que nous savons charnières de notre existence.

### > « Dans la vie, nous récoltons ce que nous semons »

Cet adage est aussi vieux que le monde. Sans doute parce que chacun de nous a eu l'occasion d'expérimenter cette part de vérité. Ce que j'appelle la synchronicité des événements boomerang, d'autres l'appellent le karma. Les actions que nous posons, qu'elles soient bonnes ou moins bonnes, ont des répercussions sur nos vies. Parfois certaines bonnes actions, certains comportements vertueux peuvent être récompensés par un « don du ciel », un retour positif. Il peut s'agir de choses minimes, mais qui ont tout de même un impact sur nos vies. A contrario, des comportements inadaptés peuvent amener à des leçons de vie douloureuses dont le seul objectif est de nous faire prendre conscience que le chemin emprunté n'est « pas le bon ».

Pour illustrer cette notion, je ne peux m'empêcher de revenir sur le parcours de Vie Jean-Pierre.

*Jean-Pierre est un homme célibataire qui a fondé et mené une vie dont la valeur première était l'argent. L'argent, l'argent, toujours l'argent ! Il n'avait que cela en tête. Pendant des années, il s'est enrichi au gré de pratiques parfois douteuses, tout en méprisant la valeur humaine. Tous les moyens étaient bons pour amasser toujours plus d'argent. Il y consacrait tout son temps oubliant son frère avec qui il avait été très uni par le passé. Un jour, comme beaucoup, il a été rattrapé par ses choix. Lui qui avait pris l'habitude de vivre comme un roi, dans le luxe, a tout perdu.*

*Son état d'esprit et ses choix lui sont revenus, comme un boomerang, en pleine figure. La vie, sa conscience supérieure, a décidé de lui faire prendre conscience de ses abus en commençant par cette première grosse « claque ».*

*Son premier réflexe a été de rebâtir sa vie professionnelle sur les mêmes principes qu'il avait toujours suivis. Un échec. Lui qui a toujours jugé les gens d'après le crédit de leurs comptes en banque, vivait très mal sa baisse de niveau de vie. Il était tombé au plus bas de son échelle de valeur.*

*Au plus mal psychologiquement, il est tombé gravement malade. L'esprit supérieur lui en remettait une couche. Ce n'est qu'après trois ans de lutte contre la maladie, accompagnée d'une descente aux enfers, que Jean-Pierre a commencé à changer de fonctionnement.*

*Son frère, qu'il avait écarté de sa vie, a été là, présent à ses côtés, dans ces moments difficiles. Réalisant qu'il avait vécu des années durant dans l'erreur, il a fini par s'ouvrir aux autres, à réussir à être à l'écoute. Cette prise de conscience n'a pas été sans conséquences. Jean-Pierre a commencé à culpabiliser. Il a fallu qu'il trouve le courage de se pardonner son attitude égoïste.*

*Aujourd'hui, il mène une vie équilibrée au centre de laquelle les valeurs familiales et amicales ont remplacé celles de l'argent. Il a renoué une belle relation avec son frère. Il a intégré le fait que, comme tout le monde, il n'est pas parfait mais lutte toujours pour parvenir à se pardonner d'avoir été aussi aveugle, tellement d'années.*

*Poussé par ce nouveau souffle de vie, il a reconstruit sa vie professionnelle en respectant les valeurs humaines. D'entrepreneur « véreux », il est devenu formateur et conseiller en entreprise. Il « éduque » les commerciaux à faire l'élaboration de stratégies humaniste. Puisqu'il a appris de ses erreurs, et à être juste et vrai avec lui-même, il est devenu une référence dans sa profession.*

Cela dit, le boomerang ne nous revient pas forcément en plein visage. Parfois, il se pose délicatement au creux de nos mains.

*Il y a plusieurs années, lorsque mes enfants étaient encore jeunes, un homme venait régulièrement dans mon cabinet pour me consulter. Il n'avait pas d'argent mais de gros problèmes à affronter. Étant donné sa situation, je l'ai aidé même s'il n'avait pas de quoi me payer. Je l'ai accompagné comme j'ai pu et les mois ont passé. J'ai moi-même rencontré quelques difficultés financières. Alors que je me rongeais les sangs parce que je savais que je ne pourrais pas payer mon loyer, j'ai reçu par la Poste un chèque de cet homme du montant exact, à l'euro près, de la somme que je devais à mon propriétaire. Le chèque soldait l'ensemble des consultations dont je pensais lui avoir fait grâce. Un vrai petit miracle !*

### > Le doute n'empêche pas le bénéfice

De nombreux cadeaux se présentent à nous pour le peu que nous puissions les percevoir même dans les moments les plus difficiles de notre vie. Tels des petits cailloux blancs ils viennent se poser sur notre chemin pour nous redonner courage, en indiquer la direction ou confirmer celle que nous avons prise. Un mot, un geste, une musique, une rencontre, une odeur familière et rassurante qui vient nous chatouiller délicatement les narines alors que nous sommes confrontés à une période des plus désespérées comme si nous étions enveloppés, une personne qui vient nous aider juste au moment où nous en avions le plus besoin.

*Je me souviens de Lila, qui m'a relaté avec beaucoup de gratitude avoir rencontré un ange qui lui a « sauvé la vie ». Lila était alors à l'étranger en vacances avec son compagnon du moment. Elle aimait follement cet homme et avec qui elle vivait une relation passionnelle et destructrice. Lors d'une soirée, ce dernier lui a annoncé avoir rencontré une autre femme et qu'il la quittait. Chose qu'il a faite dans la foulée, laissant Lila désespérée. Le monde autour d'elle s'écroulait. Elle était incapable de penser, incapable de réagir, la seule chose que Lila voulait c'était rentrer chez elle. Elle s'est rendue à l'aéroport voulant prendre un avion ! Mais son état émotionnel l'empêchait de communiquer, elle ne cessait de pleurer et de sangloter.*

*Elle ne trouvait pas non plus les informations lui permettant d'organiser son voyage. Elle s'est assise sur sa valise, incapable d'aller plus avant. Son ange s'est présenté sous la forme d'un capitaine de bord anglais. Alors que l'aéroport était bondé, aucune personne ne s'était arrêtée jusqu'à ce que lui, qui se rendait à son avion, s'arrête et lui tende la main. Il l'a aidée à trouver un vol afin qu'elle puisse rentrer chez elle et l'a enveloppée de beaucoup d'attentions qui ont apaisé sa souffrance… Aujourd'hui Lila dit avoir encore beaucoup de gratitude envers cet inconnu qu'elle n'a jamais revu mais qui l'a enveloppé alors qu'elle était au plus bas au niveau émotionnel. Elle dit qu'il a été comme un rayon de soleil qui a éclairé ce passage difficile et qui lui a permis d'envisager sa vie autrement.*

Il arrive souvent des choses incroyables, des signes *magiques*, des indices

Je suis intimement convaincue que nombreux sont les signes qui nous sont donnés, même les plus petits pour que nous retrouvions courage ou soyons confirmés ou infirmés dans nos choix de vie.

***Les événements extraordinaires ne sont pas rares mais au contraire très courants. Tous les jours de nouveaux miracles se produisent. Il suffit, simplement, d'y prêter attention.***

*Vivons plus confiants avec la certitude que nous sommes aidés.*

*Le pouvoir d'un signe, qu'il provienne d'un disparu, d'un guide ou de toute autre source ne réside pas dans sa manifestation en tant que telle mais plutôt dans le fait qu'il s'inscrive dans une synchronicité parfaite avec notre existence terrestre.*

### > Mettre de la positivité dans sa vie

Être ouvert à la vie, ouvert aux signes et aides de l'univers passe par la positivité. Les aides arriveront même si vous êtes au plus bas, mais votre manque d'ouverture risque de vous empêcher d'en prendre conscience. Ce serait dommage.

Être ouvert, c'est rayonner. Ce rayonnement agit comme un aimant et attire, de fait, l'énergie positive.

J'ai la chance d'avoir un caractère naturellement optimiste. Si bien que je cherche toujours une solution positive à chaque problème ou conflit. Dans mon entourage, je sens bien que les gens pensent que tout coule sur moi. Mais c'est faux. Parfois, aussi, je me sens seule même si j'ai une famille et des amis. Simplement, je fais tout mon possible pour ne pas m'enfermer.

C'est, je crois, mon optimisme naturel lié à une pratique régulière de la gratitude et de la méditation qui me permettent de toujours émettre de l'énergie dans la joie.

## QUELQUES CONSEILS SIMPLES POUR METTRE DE LA POSITIVITÉ DANS SA VIE

Vous avez l'impression de vous noyer dans les problèmes ? Vous ne pouvez pas vous empêcher de penser que toutes les mauvaises choses s'abattent sur vous ?

Les personnes qui paraissent tout le temps heureuses ne sont pas épargnées par les problèmes. Elles aussi, comme tout le monde, font face à leur lot de soucis. La différence, c'est qu'elles décident de les prendre du bon côté. Et si vous faites de même, vous vous sentirez rapidement plus heureux !

C'est plus facile à dire qu'à faire, peut-être, mais il existe un grand nombre d'astuces pour y arriver. La pensée positive est comme un sport ou instrument de musique. Vous ne pourrez pas la maîtriser du jour au lendemain, il vous faudra un peu d'entraînement afin d'habituer votre cerveau à penser différemment.

Attention toutefois ! Penser positivement n'est pas mettre nos responsabilités de côté ni être dans l'inaction en pensant que tout va se faire tout seul parce que nous l'avons demandé à l'univers ... La pensée positive ne suppose pas d'ignorer nos responsabilités ou nos problèmes, ce qui ne ferait que les empirer ! Au contraire, la pensée positive demande à s'y confronter, mais en laissant la tristesse et les plaintes de côté et en essayant de ne voir que le positif à retirer de nos expériences.

### *1. FAITES PLACE AUX PENSÉES ET ÉMOTIONS POSITIVES*

C'est un conseil qui peut paraître très général, et pourtant c'est une étape essentielle pour atteindre la pensée positive.

*À chaque fois que vous rencontrerez un problème ou une situation négative, remplacez vos pensées négatives par quelque chose de positif. Par exemple, au lieu de vous plaindre en vous demandant pourquoi cela vous arrive, dites-vous « que puis-je mettre en œuvre pour retirer cette épine de mon pied ? ».*

Enfin, essayez de remplir votre vie de pensées positives, et ce même face à un moment ou une situation à laquelle vous ne faites pas spécialement attention. "*Il fait beau aujourd'hui, ça fait plaisir*" ou encore "*ce plat de pâtes est vraiment délicieux*" sont autant de pensées qui vous font apprécier les bonnes choses du quotidien. Cela aidera votre cerveau à voir le positif partout autour de lui.

### 2. N'OUBLIEZ PAS QUE CHAQUE PROBLÈME A UNE SOLUTION

Face à un problème, n'hésitez pas à vous répéter cette phrase en boucle pendant quelques instants. Cela pourrait déjà vous soulager et rendre le problème moins important à vos yeux.

Garder votre calme, le stress n'amène jamais rien de bon. Cela vous permettra de prendre du recul et de trouver une solution plus rapidement. Le problème est déjà là et rien ne sert de perdre du temps à ruminer sans rien faire.

Envisagez la situation comme un apprentissage de la vie, puisque c'en est un ! La leçon que vous en tirerez, vous aidera à positiver et à éviter de vous retrouver, à l'avenir, dans la même situation.

Les problèmes et les échecs sont nécessaires pour nous permettre de grandir et de nous développer.

### 3. ENTOUREZ-VOUS DE PERSONNES POSITIVES

Tout comme l'énergie négative, l'énergie positive est contagieuse. En vous entourant de personnes positives, vous arriverez à faire abstraction d'une grande part de négativité inutile et vous vous entraînerez aussi à penser de plus en plus positivement.

### 4. TROUVEZ CE QUI VOUS CALME ET VOUS RÉCONFORTE

Une balade en forêt, une séance de cinéma, une part de tarte, un jogging, un après-midi de peinture, de musique, etc.

Si penser positivement est temporairement difficile face à l'ampleur du problème auquel vous faites face, n'hésitez pas à vous réfugier quelques heures dans une activité qui vous fait du bien.

Il n'est pas ici question de fuir le problème, mais plutôt de prendre le temps de recharger vos batteries afin d'y voir plus clair et de trouver une solution.

Si vous ignorez ce qui vous fait vibrer dans votre cœur, je vous conseille un petit retour dans le passé. Qu'est-ce qui vous passionnait lorsque vous étiez enfant ? Quels sujets vous transportaient ? Quelles activités vous occupaient pendant des heures ?

*5. APPRENEZ À RIRE DE VOUS*

Pouvoir rire de soi-même, c'est faire un grand pas vers la positivité.

Au lieu de vous vexer lorsque quelqu'un vous fait une remarque, prenez le temps d'en rire. Après tout, nous avons tous des défauts, et il est essentiel de les accepter.

*6. SOIGNEZ VOTRE CORPS ET VOTRE ESPRIT*

Bien dormir, bien manger, marcher ou faire du vélo plutôt que de prendre votre voiture, se pomponner, prendre un bain chaud, etc. Nous l'oublions parfois, mais notre corps a une grande influence sur notre moral. Prendre soin de soi est donc essentiel pour se sentir bien. Or, lorsque vous vous sentirez bien, vous aurez plus de facilité à penser positivement.

## Des lectures pour aller plus loin

MOSS, Robert, *Jouer avec les synchronicités dans la vie quotidienne : signes, symboles et coïncidences*, Vega, 2017.

REEVES Hubert, CAZENAVE Michel (ouvrage coll.), *La synchronicité, l'Âme et la Science*, coll. « Espaces libres », Albin Michel, 1995.

RICHO, David, *Le Pouvoir des coïncidences*, Payot et rivages, 2012.

VEZINA, Jean-François, *Les hasards nécessaires*, Coffragants, 2011.

## Des jeux de cartes

J'aime aussi parfois m'amuser avec les jeux de cartes de Doreen Virtue. *L'Oracle des Anges*, l'*Oracle des Vies antérieures*, etc. ou ceux de Lucy Cavendish comme *L'Oracle des dragons protecteurs*.

Ces jeux sont plein de bon sens. Ils m'ont souvent aidée, au hasard d'un tirage, à lâcher prise, à éclaircir ma vision d'une situation difficile dans l'instant où je le vivais.

Utiliser ces jeux est à la portée de tous à condition d'être ouvert et concentré.

# Conclusion

# COMMENT VIVRE UNE VIE PLUS HEUREUSE ?

Au fond, c'est la réponse à cette question que viennent chercher mes clients en consultation. S'il me fallait répondre en une seule phrase, je dirais qu'il suffit d'être suffisamment ouvert pour considérer le monde comme un environnement vibrant et riche de communication.

Les épreuves et les difficultés dont nous faisons l'expérience durant notre existence, jusqu'à la dernière minute ont TOUTES une raison d'être. Accepter les épreuves permet de devenir quelqu'un de plus lucide, de meilleur, de plus grand. L'amour véritable, c'est l'expérience d'être soi-même. Celui des autres coulera alors de source.

Découvrir le sens de sa vie suggère de prendre soin de soi, de travailler d'arrache-pied à libérer nos regrets et toutes les émotions négatives qui nous engluent dans la mélancolie. Elles ne sont QUE la manifestation de nos blessures. En prenant conscience de leur existence, en les acceptant, nous les soignons et les libérons. Le désespoir prospère sur l'ignorance de nos peines.

Notre vie a un sens, tout autant que notre mort. La vie est espoir ! La vie est mouvement.

Ne soyons pas trop concentrés sur les pavés qui formeront notre chemin, sachons retrouver notre innocence de l'enfance pour accueillir tous les cadeaux qui nous sont donnés. Je suis en admiration devant la capacité qu'ont les enfants à vivre l'instant présent sans se préoccuper des choses du passé ou de celles à venir. Renouons avec cet esprit de jeu et d'innocence qui nous faisait voir la vie plus légère quand nous étions enfant et être dans l'instant présent. Accueillons la Vie !

Je suis toujours comblée de gratitude et de satisfaction lorsque je sens l'énergie parfaitement déployée des défunts, des guides, de nos proches pour nous témoigner leur amour et leur présence à nos côtés à chaque instant.

Je suis enchantée, émerveillée. Parce que je travaille chaque jour à entretenir ma capacité d'émerveillement, je poursuis ma mission de médium avec foi, humilité et confiance en l'être humain.

Dans ma vie, de nombreux livres ont été des détonateurs. J'espère qu'en lisant ce livre quelques-uns d'entre vous aurez trouvé un mot, une phrase qui vous aura permis de retrouver l'équilibre.

Si nous prenons la vie comme une grande expérimentation, elle peut devenir bien plus douce et si paisible.

Je vous quitte après le partage de cette ancienne légende hindoue :

*Il fut un temps où tous les hommes étaient des dieux. Ils abusèrent tant de leur pouvoir divin que Brahma (le dieu créateur de l'hindouisme) décida de le leur retirer et de le cacher dans un endroit où ils ne pourraient pas le retrouver. Un problème s'imposa : quelle serait la cachette parfaite ?*

*Les dieux furent convoqués à un conseil afin de trancher cette question. Ils proposèrent ceci : « Enterrons la divinité de l'homme dans la terre. »*

*Mais Brahma rétorqua : « Non, c'est insuffisant, car un jour l'homme creusera et la trouvera.*

*Alors les dieux dirent : « Dans ce cas, jetons la divinité dans le plus profond des océans. »*

*Mais Brahma répondit à nouveau : « Non, car tôt ou tard, l'homme explorera les profondeurs de tous les océans, et il est certain qu'un jour, il la découvrira et la remontera à la surface. »*

*Embêtés, les dieux proposèrent : « Il ne reste plus que le ciel. Dissimulons la divinité de l'homme sur la Lune. »*

*Mais Brahma n'était toujours pas satisfait par cette proposition : « Un jour, l'homme parcourra le ciel, ira sur la Lune et trouvera sa divinité. »*

*Les dieux finirent par conclure : « Nous ne savons pas où la cacher sur Terre, ni dans la mer, ni dans le ciel, il semble qu'il n'existe nul endroit que l'homme ne puisse atteindre un jour. »*

*Alors Brahma dit : « Voici ce que nous ferons de la divinité de l'homme : nous la cacherons au plus profond de lui-même, car c'est là, le seul endroit où il ne pensera jamais à chercher. »*

*Depuis ce temps-là, l'homme a fait le tour de la Terre, il a escaladé, plongé, marché et creusé. Il a même exploré le ciel et la lune à la recherche désespérée de ce qui se trouve, simplement, en lui.*

**N'AYEZ PLUS PEUR DE LA VIE**

*Anita*

## Remerciements

Je tiens à remercier tous mes clients, avec lesquels j'ai eu la chance de travailler, partager leurs expérience de Vie, et qui sans lesquels mon livre n'aurait jamais existé.

Mon immense gratitude va à Ophélie Grosshans qui a su me prêter sa plume pour traduire toutes mes paroles afin de les partager avec vous…

Je remercie mes proches pour leur soutien et leur amour inconditionnel sans lesquels ce livre n'aurait vu le jour.

À vous tous mon amour et mes reconnaissances les plus sincères.

**I.D. l'Édition**
9, rue des Artisans - 67210 Bernardswiller - Tél : 03 88 34 22 00
info@id-edition.com - www.id-edition.com
ISBN : 978-2-36701-217-9
Imprimé en Union européenne - 2020